BONJOUR MADAME,
MERCI MONSIEUR

www.editions-jclattes.fr

Cécile Ernst

BONJOUR MADAME, MERCI MONSIEUR

L'urgence de savoir vivre ensemble

JC Lattès

Maquette de couverture : Atelier Didier Thimonier

ISBN : 978-2-7096-3666-7

À mes collègues enseignants ;
ce livre leur doit beaucoup.

INTRODUCTION

De quoi parle-t-on ?

Citoyenne depuis presque trente ans. Professeur au lycée depuis quinze ans, où j'enseigne les sciences économiques et sociales (SES).

Une expérience humaine inouïe vécue au jour le jour dans un métier qui n'aurait pas dû être le mien, embrassé presque par hasard.

Je vis chaque année à fleur d'adolescence, face à plus de cent vingt lycéens de tous horizons, de toutes cultures, malmenés par la vie ou au contraire incroyablement gâtés. À leurs incivilités, récurrentes pour certains (dégradation du matériel, injures, provocations en tout genre), endurées au quotidien s'ajoute le chaos du monde qui me jette à la face, pêle-mêle, son cortège d'événements préoccupants : les incivilités d'ados font tache d'huile au point de devenir un comportement « tendance » dans les milieux du show-biz, du spectacle ou du sport, les classes populaires se détournent des urnes, les gouvernements cèdent à la tentation du tout répressif, des responsables politiques et économiques de tout bord perdent jusqu'au sens des responsabilités et de la décence. Et l'on assiste, médusés et en direct sur les écrans de télé, au « manque d'éducation » de l'équipe de France lors de la coupe du monde de football en Afrique du Sud en juillet 2010.

« Manque d'éducation », l'expression est lâchée par les médias. Déjà entendue à propos des comportements d'un certain président de la République, qui malmène allègrement la politesse par son langage et ses manières.

Alors ?

Alors s'est posée à moi la question du savoir-vivre, de son rôle dans les relations sociales, et même dans nos démocraties.

Curieux, voire incongru, me dira-t-on, d'établir un lien entre ces deux notions. Le savoir-vivre n'est-il pas cette pratique d'un autre âge ? Un ensemble de codes que toute la sociologie française contemporaine considère comme un moyen délibéré des élites traditionnelles de mettre et de tenir à distance le commun des mortels, une façon discrète et efficace de continuer à dominer la société dans tous les sens du terme... Et la démocratie ? Une forme de gouvernement, où le pouvoir émane du peuple, assurant le pouvoir du peuple par le jeu de la représentation. Un pouvoir qui justement n'est pas confisqué par les élites et qui serait donc à l'opposé de la tradition aristocratique qu'incarne le savoir-vivre...

Mais cette quête à travers travaux historiques, recherches sociologiques, enquêtes journalistiques, me permet aujourd'hui de suggérer que, loin de s'opposer, ces deux concepts se nourrissent l'un de l'autre. La démocratie ne semble pouvoir survivre sans un solide socle de « savoir-vivre » ensemble, unissant les citoyens entre eux. Et le savoir-vivre ne fait sens que dans une perspective démocratique : car il repose sur une civilité adossée au respect d'autrui et de ses droits fondamentaux, et qui rend possible le vivre ensemble.

Au fond, réintroduire la question du savoir-vivre dans les événements préoccupants qui s'enchaînent dans notre quotidien autant que dans la société permet d'établir un lien entre tous ces phénomènes, tel un fil d'Ariane.

Ce qui s'est produit en Afrique du Sud a mis la France black, blanc, beur en état de choc ;

mais le comportement de l'équipe de France n'a fait que porter au grand jour ce que je vois se déployer dans nos écoles depuis quinze ans et qui est à l'œuvre plus largement dans notre société depuis des décennies, non seulement à l'école, mais aussi dans les familles, dans la rue et dans les bureaux.

Je fais le pari que je ne suis pas la seule à me poser toutes ces questions aujourd'hui, et que partager le fruit de ces années d'interrogations, surgissant parfois au cœur d'expériences humainement difficiles et douloureuses, en aidera d'autres à saisir l'enjeu majeur pour notre démocratie que constitue la question du savoir-vivre.

Et au lecteur qui me suivra, je souhaite d'éprouver le même plaisir que j'ai eu en menant ce travail : celui d'avoir enfin trouvé une clé de compréhension après avoir longtemps tâtonné dans « le bruit et la fureur »...

À l'épreuve du métier d'enseignant

Septembre 1997 : j'ai ma première affectation d'enseignante, un lycée des Yvelines polyvalent (accueillant donc des sections générales, technologiques et professionnelles), classé en zone sensible.

Ma première impression est plutôt bonne, et je suis soulagée : les bâtiments, d'une assez belle architecture début des années 1990, n'ont pas dix ans, les couloirs sont propres et le silence règne pendant les heures de cours. Pas de quoi s'affoler...

Les classes de première et de terminale ne posent pas de problème sérieux. Les élèves ne se déchaînent pas au travail certes, mais on arrive à établir un contact sympathique avec la majorité d'entre eux... et à leur faire passer leur bac dans d'assez bonnes conditions.

Les seconde, c'est une autre paire de manches. « La dernière classe du collège », affirment mes collègues avec raison. Ils vont m'user pendant sept ans. Je n'arriverai pas à me faire aux kleenex sales jetés à même le sol, aux chewing-gums collés sur ma chaise, aux graffitis obscènes sur toutes les tables, aux insultes écrites sur les tableaux au retour de week-end, au bruit et aux bousculades dans les couloirs à chaque intercours, où volent coups de pied, coups de poing, injures et crachats. Et je ressens vite un sentiment inavouable à mes collègues, dont une bonne partie ne cache pas ses convictions militantes de gauche radicale : le sentiment de vivre au milieu de « sauvageons », expression qui avait coûté cher à Jean-Pierre Chevènement quelques années plus tôt...

Au fil des mois, je suis confrontée à des situations que je n'aurais jamais pu imaginer.

Un déjeuner au self, routine quotidienne. Je fais la queue derrière une dizaine d'élèves et de collègues. Soudain, un bruit fracassant : je sors de la queue et je vois une jeune fille, très propre sur elle, furieuse d'avoir, ni plus ni moins, fait tomber son plateau : concombres en salade, ratatouille-frites, fromage et compote de pommes se sont écrasés au sol dans un amas de vaisselle cassée.

Un élève va chercher une des « dames de service ». La jeune fille s'énerve d'attendre ; l'employée arrive, au moins cinquante ans, corpulente et la démarche lente. Elle tient un seau et un balai à la main. J'avance dans la queue avec mon plateau et je les dépasse. Et soudain de nouveaux cris. Je me retourne : la jeune fille tape du pied violemment et hurle qu'il est hors de question qu'elle nettoie les débris de son plateau. Pour qui la prend-on ? Ce n'est pas son boulot de faire le ménage dans ce lycée ! Et d'ajouter avec un incroyable mépris : « C'est toi la femme de ménage, c'est toi qui ramasses ! » Et, tournant les talons, elle s'en va, balançant sa chevelure soigneusement coiffée. L'employée, les traits tirés de lassitude et d'humiliation, s'agenouille ; et devant tous les élèves qui se poussent du coude en riant, elle se met à ramasser et à nettoyer cet immonde fatras.

Médusée dès le début de l'altercation, je jette un coup d'œil aux deux autres collègues qui font la queue un peu plus haut dans la file d'attente. Aucune réaction, ils observent la scène, totalement indifférents. Nouvelle dans l'établissement, je n'ose pas faire un geste. Je le regrette encore aujourd'hui…

Une autre année : jour de la rentrée. Je me tiens à la porte de ma salle, saluant chaque élève qui entre. Arrive un grand garçon aux cheveux bouclés, jean lacéré, sweat à capuche, sac Eastpak jeté sur l'épaule, sourire aux lèvres. Mes signaux d'alerte clignotent, je le suis des yeux pour voir ce qu'il me réserve. Stupeur : sont écrits au Tipex sur le rabat de son sac d'aimables propos : « J'aime ton cul », « Suce-moi », etc. Les copains gloussent.

Je laisse faire mais, après le cours, je vais voir le professeur principal de cette classe et le CPE pour discuter de ce cas. Réaction : « On ne voit pas le problème, ce n'est qu'une provocation d'ado. »

J'hésite à argumenter contre cette position que je trouve facile et démagogique. Mais le courage me manque : comment s'inscrire, seule, à contresens de tout un fonctionnement collectif ? Cette question commence à me préoccuper...

Toute l'année je supporterai ces grossièretés et, comme moi, bon nombre de jeunes filles qui se retrouvent derrière ce jeune homme dans l'escalier ou assises en cours.

Une autre fois, je suis enceinte de six mois, j'attends mon troisième enfant. Fatiguée, très fatiguée, évidemment. Je patiente debout à la photocopieuse en attendant que mon collègue de physique-chimie termine ses photocopies. La machine s'arrête, plus de papier ; il maugrée, ramasse ses affaires et me jette aimablement : « Faut que tu descendes chercher du papier, il n'y en a plus. » Culotté ! Je descends les trois étages jusqu'à l'intendance, et je préviens qu'il y a une rupture de stock : l'assistante me rétorque qu'elle n'a pas le temps d'en monter... et me colle dans les bras trois paquets de A3.

Prise par le temps – j'ai besoin de mes photocopies pour le cours qui a lieu dans dix minutes –, je ne dis rien et remonte les trois étages, essoufflée et le ventre lourd. Avec le sentiment d'avoir été sacrement malmenée.

Introduction

Et que dire de cette élève, que j'avais fini par exclure de mon cours pour injures répétées, qui m'attendait un soir à la sortie de la classe, l'air mauvais ? En moins de vingt secondes, elle m'avait plaquée contre le mur, saisie à la gorge et bourrée de coups de poings. J'eus de la chance : certains élèves de la classe que je venais de quitter, me voyant en mauvaise posture, coururent chercher des surveillants qui me dégagèrent.

Ils prirent la jeune fille en charge… et je gagnai ma voiture pour rentrer chez moi. Au bout de quelques minutes de conduite cependant, je dus m'arrêter sur le bas-côté de l'autoroute, soudain submergée par une nausée incontrôlable : l'agression avait été trop violente, je n'avais pas l'habitude. Il me fallut quelques instants pour retrouver mon calme.

À la suite de mon rapport sur cet incident, l'élève fut convoquée (enfin) chez le proviseur, en ma présence, celle de sa mère, de l'assistante sociale et de l'éducateur qui la suit. Objectif : qu'en guise d'unique sanction elle me présente des excuses. Il faudra une heure et quart de persuasion des cinq adultes présents en dehors de moi-même pour arriver à lui extorquer un vilain « J'suis désolée », avec un regard en biais fort peu convaincant. En sortant du bureau, je me suis sentie incroyablement humiliée… et terriblement seule. Agresser un enseignant était-il à ce point anodin dans cet univers encore nouveau pour moi ?

J'avoue avoir pensé que son comportement aurait mérité des sanctions autrement plus sévères... Étais-je en train de devenir complètement réactionnaire ?

Après des dizaines d'autres incidents de ce type, j'ai commencé à me poser des questions sur tous ces comportements. Ce sentiment de vivre au milieu d'élèves sauvageons, renforcé par le manque d'égards de beaucoup de collègues ou membres de l'établissement, me renvoyait l'impression très désagréable d'être... une incurable snob !

En 2006, je change d'établissement : nouveau décor, un lycée de la banlieue de l'ouest parisien, plus privilégié, avec une population largement issue des classes moyennes et supérieures.

Ambiance nettement plus policée dans les couloirs... mais pas tant que ça dans les salles de classe. Bavardages, agitation et manque total de travail sont la norme dans la majorité des classes, et les élèves de seconde rivalisent d'imagination pour rendre fous leurs professeurs : concours de rots et de pets dans mon dos pour les garçons, séances de maquillage pour les filles, qui agitent sous mon nez leurs mascaras et leurs poudriers, ulcérées quand je les supprime, yeux levés au ciel dès que j'exige que les leçons soient sues, refus de faire des interrogations, tout y passe. Bureaux tout aussi maculés de grossièretés, salles soumises aux éternels mêmes outrages : murs repeints au bic pendant les cours, kleenex et chewing-gums maculant les sols, etc. « Y a des femmes de ménage, c'est leur boulot », répètent inlassablement les élèves quand on essaie de les rendre conscients de ce manque de respect envers la collectivité.

Une collègue se fait même voler son portefeuille dans son sac posé sur son bureau alors qu'elle était postée dans le couloir pendant un intercours. Je tombe de haut, moi qui pensais en avoir fini avec les incivilités des élèves.

Avais-je décidément tort de penser que les relations entre les individus pourraient, devraient être différentes ? Devais-je remiser aux oubliettes une certaine façon d'être au monde qui semblait totalement inadaptée à mon environnement professionnel ? Et transmettre à mes enfants non ce savoir-vivre en société dont j'avais hérité, mais une manière d'être avec les autres fondée sur le rapport de force et l'indifférence ?

Au long de ces années, j'ai trouvé des débuts de réponse en préparant un cours sur les Droits de l'homme pour les première, une séquence d'ECJS (éducation civique, juridique et sociale) sur l'incivilité pour les seconde, un chapitre sur l'Europe pour les terminale. Et c'est en suivant ce fil que ce livre a peu à peu pris forme.

BREF HISTORIQUE :
DE LA CIVILITÉ AU SAVOIR-VIVRE

Civilité ou savoir-vivre ?

Lorsque l'on aborde la question des comportements des jeunes tels que je les ai décrits plus haut, on parle essentiellement d'incivilité. Ce qui serait le contraire de la civilité. Il m'est donc apparu intéressant d'approfondir la définition de ces termes, savoir-vivre et civilité, pour cerner le sujet de plus près.

Le savoir-vivre : « la connaissance et la pratique des usages du monde », selon la définition du Petit Littré. Et ce savoir-vivre a une histoire, comme l'affirme haut et fort Frédéric Rouvillois dans son *Histoire de la politesse* (2006).

Les historiens ont travaillé sur ce sujet au cours des siècles : tous s'accordent pour reconnaître que ces pratiques, qu'on les nomme civilité, politesse ou savoir-vivre, ne sont pas nées par hasard et qu'elles ont une profonde raison d'être dans nos sociétés. Et c'est en interrogeant cette histoire que l'on peut saisir le rôle qu'occupent civilité et savoir-vivre dans les relations sociales.

Cette histoire commence cependant par le développement de la civilité, qui ne deviendra qu'ultérieurement savoir-vivre.

Dans son œuvre *Le Processus de civilisation*, 1939, Norbert Elias est l'un des premiers à s'être interrogé sur la notion de civilisation et ses manifestations. Il la définit comme se rapportant à des données variées telles que « le niveau des techniques d'une société, ses règles de savoir-vivre, le développement de la connaissance scientifique, les idées et les usages religieux ».

Au sens français du terme, la civilisation signifie donc l'aboutissement d'un processus perçu comme universel, caractérisé par des progrès dans tous les domaines : politique, religieux, technique, moral, social, artistique, scientifique, etc. Ce processus de civilisation est d'abord un processus de « civilisation des mœurs », qui s'incarne dans l'homme civilisé et cultivé : (ces termes de « civilisé » et de « cultivé » se rapportant à une qualité sociale de l'individu). Ils se traduisent donc par un ensemble de manières d'être (langage, manières de table, de se vêtir, etc.) et par des comportements en société articulés sur les « bonnes manières à l'égard d'autrui », qui définissent une civilité reposant sur le principe de « se comporter de façon à être le moins possible une gêne pour les autres ». Une définition un peu différente donc de celle du savoir-vivre...

Elias s'interroge ensuite sur l'origine de ce processus. Il semble s'amorcer à partir du moment où, sur un territoire donné, émerge une autorité centrale, qui, progressivement, s'arroge le monopole de la violence.

C'est ce qui se produit en France à partir de la fin du Moyen Âge : peu à peu le pouvoir royal, dès François Ier selon R. Muchembled (*La Société policée,* 1998), étend son autorité, jusqu'à l'absolutisme incarné par Louis XIV au XVIIe siècle. Les sujets, et notamment la noblesse, vont se voir dépossédés du droit de vie et de mort les uns sur les autres. Seule l'autorité royale est autorisée à employer la force physique, faisant de celle-ci un monopole légitimé par la nécessité de maintenir l'ordre. Cette conception perdure jusqu'à aujourd'hui, l'État étant le seul habilité, dans nos sociétés, à employer la force pour imposer la loi.

La conséquence de ce monopole de la violence légitime est la « pacification des mœurs » (Elias), c'est-à-dire une pacification des relations sociales et une sécurité intérieure du territoire, les deux permettant le développement du haut niveau de mœurs qui explique le rayonnement de la France dans le monde, particulièrement au XVIIIe siècle.

Mais ce haut niveau de mœurs permet aussi de distinguer les catégories sociales entre elles ; car la civilité va connaître un prolongement, le savoir-vivre, dont l'objectif principal sera de marquer l'appartenance sociale.

En effet la civilité est d'abord née dans la fraction la plus élevée des élites de la ville (on ne parle pas encore de bourgeoisie). Imprégnées d'humanisme, ces élites se font un devoir de « cultiver leur esprit et leurs manières » ; ce faisant, elles deviennent *cultivées*, donnant naissance à un nouveau sens du mot « culture » dont l'emploi était jusque-là réservé à l'agriculture. Dès les XVIe et XVIIe siècles, la pratique de la civilité leur permet de faire émerger la figure de l'honnête homme et de se démarquer de l'élite traditionnelle, l'aristocratie, qui a pour modèle le grand seigneur arrogant et impétueux, à l'orgueil et à l'honneur susceptibles, prompt à se servir de son épée pour laver l'affront ou servir le roi, qui valorise le courage, la bravoure, la virilité… et fort peu les lettres et les arts.

Mais, assez rapidement, l'aristocratie va saisir l'importance de la maîtrise de ces codes de civilité pour paraître à son avantage à la cour (R. Muchembled). Se lançant alors dans une surenchère effrénée à la sophistication des codes pour marquer sa suprématie et sa distinction, elle invente ainsi le savoir-vivre, « connaissance et pratique des usages du monde » (entendons, du beau monde, celui de l'aristocratie), qui se superpose à la civilité. Elle s'efforce alors de se démarquer de l'honnête homme, ce qui explique que pendant longtemps on opposera le savoir-vivre et la civilité : d'un côté les fioritures de langage et de manière perçues comme affrétées et pouvant masquer de peu nobles desseins (on qualifiera le savoir-vivre de « science de l'hypocrisie »), de l'autre la civilité de l'honnête homme, nécessaire à l'harmonie des relations sociales. Cette opposition donnera quelques chefs-d'œuvre du théâtre français sous la plume de Molière, entre *Les Précieuses ridicules* et *Le Bourgeois gentilhomme* !

Le lecteur se rappellera peut-être que ces « Précieuses » sont deux jeunes cousines « bourgeoises », provinciales, Magdelon et Cathos, fraîchement arrivées à Paris, et qui ne trouvent rien ni personne d'assez distingué pour elles, au grand désespoir de leur père et oncle Gorgibus. Elles éconduisent notamment deux jeunes gens qui leur font la cour d'une manière trop rustre à leur goût. Pour se venger, les deux prétendants leur

jouent un bon tour : ils déguisent leurs valets en nobles gentilshommes, maîtres de l'art précieux.
Scène 4 :

> Magdelon – *Ah mon père, ce que vous dites là est du dernier bourgeois. Cela me fait honte de vous ouïr parler de la sorte, et vous devriez un peu vous faire apprendre le bel air des choses.*
>
> Gorgibus – *Je n'ai que faire ni d'air ni de chanson. Je te dis que le mariage est une chose saine et sacrée, et que c'est faire en honnêtes gens que de débuter par là.*
>
> [...]
>
> Magdelon – *Mon père, voici ma cousine qui vous dira, aussi bien que moi, que le mariage ne doit jamais arriver qu'après les autres aventures. Il faut qu'un amant, pour être agréable, sache débiter les beaux sentiments, pousser le doux, le tendre, le passionné, et que sa recherche soit dans les formes.*
>
> [...]
>
> Gorgibus – *Quel diable de jargon entends-je ici ? Voici bien du haut style.*

On voit ici s'affronter la civilité de l'honnête homme (Gorgibus) et le savoir-vivre incarné en cette fin de XVIIe siècle par les manières « précieuses » que cherchent à singer les deux jeunes filles !

Si l'on revient au fil historique du développement de la civilité et du savoir-vivre, il est facile de comprendre que cette évolution vers un « haut niveau de mœurs », qui se traduit par les manières d'être et de se comporter des individus, introduit un changement radical dans les relations sociales : l'agressivité physique est désormais bannie des rapports entre individus (c'est l'une des raisons pour lesquelles la monarchie, puis la République ne cesseront de lutter contre le duel). Au contraire les individus sont sommés de pratiquer entre eux un savoir-vivre qui garantit des relations pacifiques. Mais pas forcément amicales ! La lutte pour le pouvoir va se transformer en joutes verbales, en manœuvres politiques consistant à rallier telle ou telle personne à son camp, en pratiques clientélistes… Cependant l'intégrité et la sécurité physiques des personnes ne sont plus en cause.

Par ailleurs ces pratiques de civilités puis de savoir-vivre vont donner un code commun aux élites, qui sont relativement diversifiées dans la France de l'Ancien Régime (Muchembled). En effet, pour équilibrer le pouvoir de la noblesse, la monarchie s'appuie sur d'autres groupes sociaux, notamment les élites des villes qui, de François Ier à Louis XVI, fourniront nombre de serviteurs à la monarchie comme Fouquet, Colbert ou Necker. Ainsi se côtoient trois univers très différents, la monarchie et sa cour, la noblesse, et « la ville », d'où la nécessité d'une codification des rapports, sorte de langage commun permettant les échanges sociaux entre ces groupes.

C'est pourquoi les rois de France s'emploieront à développer la fameuse étiquette royale, ensemble de codes et d'usages en vigueur à la cour, que Mme de Genlis ressuscitera sous sa plume à l'orée du XIXe siècle dans son petit ouvrage *De l'esprit des étiquettes*, 1813. Même si l'aristocratie n'a de cesse de multiplier les codes pour se distinguer, il y aura bien un socle commun à tous ces groupes sociaux.

Ce besoin explique l'extraordinaire succès, dès le XVIe siècle, des traités de civilité (traité de Baldasar Castiglione, 1515-1518, traité d'Erasme, 1530), et la particularité de la monarchie française, seule à déployer un tel faste de codifications qui fascinera tous les visiteurs de la cour de France et les autres monarchies européennes.

C'est l'une des principales raisons du rayonnement de la France à partir du XVIe siècle, et jusqu'au XXe siècle : la politesse, l'urbanité et le raffinement des manières compteront autant dans l'empreinte française en Europe que la philosophie des Lumières.

Pourtant, dès cette époque, on distingue bien civilité et savoir-vivre.

Cette approche historique m'est apparue particulièrement féconde. Au fond, parler de « sauvageons » ferait bien référence à un « manque de civilité » marquant un manque de comportements civils, c'est-à-dire de bonnes manières à l'égard d'autrui ; ce n'est en aucun cas une référence au savoir-vivre en tant qu'usages spécifiques permettant aux élites anciennes de se distinguer des autres.

J'ai repensé à une scène typique à laquelle j'avais assisté.

Le RER B, direction Roissy, un samedi en fin de journée. À la station Saint-Michel-Notre-Dame montent deux hommes jeunes, à la stature colossale.

Ils s'installent chacun sur un strapontin, de part et d'autre de la porte, allongent leurs très grandes jambes, barrant ainsi complètement l'accès vers l'intérieur. La rame entre sur le quai de la station Châtelet, bondée à cette heure de la journée. La porte s'ouvre, les deux hommes ne bougent pas. Au premier rang des passagers sur le quai, un couple de gens âgés, soixante-dix ans minimum, chargés de valises à roulettes : voyant les deux colosses qui barrent le passage, ils attendent quelques secondes, imaginant que les deux hommes vont se lever et retirer leurs jambes. Mais ceux-ci affichent une indifférence superbe, balayant la foule d'un regard vide d'expression, totalement inconscients de ce que peuvent attendre d'eux tous ces gens massés devant la porte.

Les secondes passant, pressé par la foule qui commence à s'impatienter, le couple âgé se résout à enjamber les deux colosses pour pénétrer dans la rame ; ce qui devait arriver arriva : gênés par leurs valises, ils heurtent les jambes des deux hommes, qui se lèvent, hors d'eux, se mettent à gesticuler et à hurler toutes les injures du monde, dont, naturellement, de copieux « racistes ».

Le flot de voyageurs s'engouffre dans la rame, la sonnerie retentit, les portent claquent et le wagon repart au milieu des imprécations des deux individus.

La tension est forte dans la voiture : les passagers redoutent un accès de violence physique des deux hommes et ont peur pour le couple qui cherche à se faire oublier au milieu du couloir. Fort heureusement, les deux hommes descendent, toujours hurlant, à Gare-du-Nord. Le couple peut poursuivre en paix son chemin vers Roissy.

Distinguer la civilité du savoir-vivre me permet aujourd'hui d'affirmer que le manque d'égards de ces deux hommes est insupportable vis-à-vis de la civilisation. Il s'agit bien d'une incivilité, jaugée à l'aune d'une civilité qui n'a rien à voir avec un milieu social qui aurait défini des règles incompréhensibles au commun des mortels pour les discriminer socialement (le savoir-vivre). Ce jugement d'incivilité ne véhicule pas davantage de racisme ordinaire : le respect des plus âgés est un code social très ancré dans les cultures traditionnelles encore aujourd'hui, que ce soit dans l'Islam, en Inde ou en Afrique subsaharienne. Je le sais d'autant mieux que j'ai vécu en Égypte et en Inde... et que parmi les élèves les mieux élevés et les plus respectueux que j'ai pu avoir dans ma carrière, nombreux étaient ceux de culture musulmane.

Enfin la civilité, et le savoir-vivre aussi, dans une certaine mesure, vont se diffuser dans la société. Les raisons de cette diffusion sont diverses.

Si l'on revient à l'histoire de la civilité et du savoir-vivre, on peut voir que le XIXe siècle va s'approprier ces pratiques d'une façon inconcevable pour les contemporains de Louis XIV !

En effet, imprégnés d'élitisme intellectuel et moral, héritiers de l'honnête homme, les hommes qui arrivent au pouvoir dans une France dont le gouvernement se démocratise bon an mal an, et très progressivement, dès la monarchie de Juillet (les années 1830), pratiquent naturellement les « vertus civiques ». Si les républicains rejettent, dans la pure tradition révolutionnaire, le savoir-vivre comme science de l'hypocrisie, ils n'en valorisent pas moins une civilité débarrassée de tout ornement superficiel (Muchembled).

En effet la tenue, la maîtrise de soi, de ses sentiments et de ses pulsions corporelles, la rigueur morale, la culture restent pour eux la marque de l'homme civilisé, seul capable de conduire les affaires de la cité.

Dans cette perspective, la démocratie impose la diffusion de ces qualités au plus grand nombre possible d'individus ; car, sans ces vertus, il ne saurait y avoir de citoyen digne de ce nom, ni de démocratie vivante.

La raison de cette importance accordée à la civilité semble résider dans la notion même de citoyen : en référence à l'Antiquité grecque et romaine, les élites républicaines ont eu conscience que la citoyenneté n'était pas innée, mais qu'elle nécessitait la pratique de certaines vertus. Et dans une perspective de suffrage universel, plutôt opposée à la conception athénienne de la démocratie, elles ont considéré qu'il fallait « élever » chaque habitant de la nation au rang de citoyen.

Devenir citoyen impliquait donc de recevoir une éducation : c'est la mission qui sera confiée à l'école laïque, gratuite et obligatoire instaurée par Jules Ferry au tournant des années 1880-1883.

Cette école va viser deux objectifs assez distincts en réalité. D'abord, instruire : le citoyen est un homme éclairé qui comprend les enjeux du débat politique. Il est donc indispensable qu'il sache lire, écrire et compter. On retrouve ici l'idéal de l'honnête homme cultivé, curieux de connaissances... et qui s'informe. Les programmes de l'école primaire obligatoire comprennent donc aussi des enseignements d'histoire et de géographie dans cette optique, outre l'apprentissage de la lecture, de l'écriture et du calcul.

Ensuite, civiliser : au sens premier du terme, il s'agit d'inculquer à l'enfant les comportements compatibles avec son rôle de citoyen. Pour ce faire, un enseignement de la morale est mis en place dans l'école de Jules Ferry. En effet, il faut que l'enfant acquière jeune la capacité à « vivre ensemble » pour « faire nation » avec tous les autres membres de la nation française, comme l'expliquent Michel Jeury et Jean-Daniel Baltassat dans leur ouvrage *Petite histoire de l'enseignement de la morale à l'école* (2000).

Cette mission civilisatrice va s'incarner dans la morale républicaine : les hommes de cette époque se battent farouchement pour dissocier morale et religion, et fonder véritablement une morale indépendante de toute référence religieuse.

Pour ce faire, ils s'appuient sur la philosophie des Lumières et articulent leur morale sur le primat de la raison. Reprenant un texte de Rabaut Saint-Étienne qui avait accompagné la Déclaration des droits de l'homme et du citoyen à l'époque révolutionnaire, et qui s'intitulait *Table des devoirs de l'homme et du citoyen* (on ne peut pas être plus explicite), ils conçoivent un programme d'enseignement de la morale qui va marquer durablement toutes les générations entre 1880 et 1960. Cette conception définissant la morale comme la « science des comportements » (Jeury et Baltassat), il s'agit donc d'enseigner les comportements appropriés pour tenir son rang de citoyen.

Le propre du citoyen, c'est d'avoir des devoirs ; pour remplir ces devoirs, il faut pratiquer la vertu dans trois grands champs : la famille, le travail, la patrie (champs déformés par le régime de Vichy, qui en fera un objectif sous forme de slogan). L'outil de cette pratique : la volonté individuelle qui commande l'effort à faire sur soi pour maîtriser ses passions et ses envies et faire primer la raison en toutes choses.

Ainsi l'école ne va-t-elle pas seulement instruire, mais aussi éduquer à la civilité, en offrant des modèles de référence et en sanctionnant fortement toutes les conduites non conformes à cet idéal.

Michel Jeury et Jean-Daniel Baltassat rappellent qu'au tournant des XIXe et XXe siècle la leçon de morale occupait trente minutes chaque jour de l'emploi du temps à l'école primaire ; à laquelle s'ajoutaient les heures de lecture, qui se faisaient essentiellement sur des textes mettant en avant toutes les vertus de l'homme civilisé, citoyen et patriote.

Toute une littérature enfantine hautement morale se crée alors pour abreuver les jeunes esprits des modèles à suivre, dont l'une des œuvres les plus connues est sans conteste *Le Tour de France par deux enfants* d'Augustine Fouillée (qui publiera d'abord sous le pseudonyme de G. Bruno), 1877. Réédité maintes fois, l'ouvrage atteindra les six millions d'exemplaires vendus en 1900. Encore réédité aujourd'hui, il continue à se vendre.

Racontant le périple de deux jeunes enfants à travers la France de l'époque, il fait effectuer au lecteur un véritable voyage à travers les provinces françaises, de la géographie à la gastronomie en passant par les principaux monuments. Et de façon fort significative, chaque chapitre porte en exergue une maxime morale que les aventures des enfants illustrent ensuite.

C'est ainsi que même dans les milieux les plus modestes s'enracine progressivement cette morale de civisme et de conduite ; mieux encore, les plus pauvres s'enorgueillissent d'être aussi honnêtes, travailleurs et respectueux de l'ordre et des usages que les plus riches.

On a donc bien là un modèle qui fait consensus, qui va irriguer pratiquement toute la société et auquel chaque membre de la société peut s'identifier quelles que soient ses origines sociales, culturelles et religieuses.

Et c'est bien pour cela qu'aujourd'hui encore les plus âgés qui ont connu cette école de la IIIe République, dont les principes auront perduré au moins jusqu'à la fin des années 1960, et certains des plus jeunes auxquels ces anciens ont transmis cette civilité républicaine (dont je fais partie) trouvent intolérable l'attitude des deux hommes du RER B ; et ce jugement n'a rien à voir avec un quelconque préjugé social ou ethnique.

Enfin, dans ces débuts de la IIIe République, la civilité portée par l'ambition démocratique va faciliter l'ascension sociale. Elle permet en effet à l'homme du commun de se hisser au rang des élites.

On en veut pour preuve le florilège de manuels de savoir-vivre qui sont publiés dans la deuxième partie du XIXe siècle, dont le plus célèbre est celui de la baronne Staffe, *Usages du monde*, inlassablement réédité.

À noter ici qu'il s'agit d'une fausse baronne, mais qui prend ce pseudonyme car il est gage à cette époque de la maîtrise des meilleurs usages, dont l'aristocratie s'enorgueillit encore ! Ce qui veut bien dire que l'on est dans une démocratisation des bons usages ; d'ailleurs l'auteur affirme en introduction de son ouvrage qu'il est important de former la jeunesse, y compris, et elle insiste, dans les milieux populaires.

Pourquoi ? Parce que la société du XIXe siècle permet de faire fortune dans les affaires, et que la réussite économique ne peut déboucher sur une ascension sociale qu'à condition que celui qui a accumulé de la richesse sache se conduire dans le monde de la fortune, autrement dit qu'il maîtrise le savoir-vivre des élites. On parle bien ici de savoir-vivre, et non plus de civilité : si la civilité est nécessaire à tous et transmise notamment par l'école, les usages les plus sophistiqués restent de l'ordre du savoir-vivre, et assimilés à l'aristocratie qui continue de fasciner l'imaginaire au point d'éclipser la civilité. Pratiquer ces usages permet de s'identifier à ce groupe social qui garde un prestige social intact, bien que n'ayant plus réel lement de fonction politique ou économique.

Toute la littérature du XIXe et du début du XXe siècle est imprégnée de cet impératif social, de la littérature pour enfants (la comtesse de Ségur) à Marcel Proust, en passant par Flaubert (*Madame Bovary*), Balzac ou Maupassant.

Et de fait, par cette combinaison d'une volonté de démocratisation de l'école et d'une ambition d'ascension sociale, la civilité et même le savoir-vivre, qui ouvre l'accès aux élites, vont se diffuser dans une grande partie de la population française, y compris dans les milieux populaires, bien qu'à des degrés divers.

Je me souviens ainsi d'une femme que j'ai connue dans mon enfance, voisine de mon grand-père paternel, dans un gros bourg de l'Ain. À la mort de ma grand-mère, elle avait accepté d'assurer quelques tâches domestiques pour son voisin veuf. Elle nous parlait de son enfance dans une famille paysanne de Haute-Savoie qui comptait huit enfants… où l'on vouvoyait ses parents par respect.

Pour finir, on observe que la civilité repose sur une forte cohérence entre niveau d'instruction et niveau d'éducation.

En effet, l'autre enseignement que l'on peut tirer de ce modèle, c'est la notion absolument évidente pour les hommes des débuts de la IIIe République que le niveau de culture ne va pas sans un niveau d'éducation, de civilité, équivalent.

C'est la marque ici du modèle de l'honnête homme, à la fois cultivé (donc pétri de connaissances dans les divers domaines de l'activité de l'esprit) et civilisé : on l'a vu, la culture s'incarnait dans la façon d'être, se traduisant par la maîtrise de toute une série de codes, de pratiques, que l'on a nommés civilité. En clair, on ne saurait absolument pas dissocier la culture de la civilité, qui s'acquièrent l'un et l'autre par... l'éducation : l'instruction fait partie de l'éducation et l'éducation englobe l'instruction, mais elle n'est pas qu'instruction. On ne peut donc pas concevoir une instruction qui ne s'accompagnerait pas d'une éducation des manières d'être, et inversement.

Si l'on s'interroge sur le bien-fondé de ce lien fort entre instruction et éducation, il faut comprendre que les hommes de la IIIe République accordent une importance capitale à la notion de responsabilité individuelle.

Si l'homme veut participer à la citoyenneté, il doit remplir un certain nombre de devoirs non négociables. Pourquoi ? Parce qu'il est responsable de la démocratie... Car les hommes de cette époque ont conscience des luttes qu'ils ont dû mener pour imposer la démocratie en France, et les droits qui en découlent pour les hommes ; ils savent aussi – l'histoire du XIXe siècle le leur rappelle constamment – que la démocratie n'est pas un fait historique inéluctable : s'il a fallu lutter pour la conquérir, il faudra aussi lutter pour la préserver. Et, de fait, le XXe siècle, et particulièrement la période sombre de l'Occupation et du régime de Vichy, nous enseigne qu'ils avaient raison, que la démocratie est périssable si l'on n'y prend pas garde.

Or qu'est-ce qu'être responsable ? Comment devenir responsable ? Seules l'instruction et l'éducation peuvent donner la capacité à assumer des responsabilités : l'instruction parce qu'elle nous permet à la fois de maîtriser les outils de l'exercice de la raison et de connaître le passé et ses enseignements ; l'éducation car elle nous apprend à faire l'effort nécessaire pour maîtriser les émotions, les sentiments, les pulsions qui nous assaillent au moment d'agir ou de prendre une décision.

Les hommes (et les femmes) de la IIIe République savent que ceux qui assument le pouvoir dans une démocratie doivent faire preuve de responsabilité : être responsable, c'est être comptable de ses actes, ce qui est le cas de tout élu face à ses électeurs. « Élever » l'homme au rang de citoyen, et plus tard les femmes, implique donc de lui donner les moyens, quelle que soit son origine, d'exercer un jour le pouvoir en ayant conscience de sa responsabilité, des devoirs qui l'accompagnent et du respect de la loi qui borne son pouvoir.

Peut-on imaginer un pilote de ligne non instruit ni maître de soi, et qui perdrait ses moyens au moindre incident ?

Peut-on concevoir une femme médecin cancérologue horrifiée par la découverte de lésions graves chez son patient, quittant précipitamment son cabinet, incapable d'annoncer la maladie à cette personne ?

Peut-on se représenter un pompier perdant son sang-froid face au feu, et s'enfuyant plutôt que de combattre l'incendie et porter secours aux victimes ?

Peut-on imaginer une ou un chef d'État français, paniqué par des grandes manœuvres militaires à la frontière russe, appuyer sur n'importe quel bouton commandant une attaque nucléaire ?

Autant dire que l'on ne peut pas être un citoyen ou une citoyenne capable d'exercer des responsabilités lourdes si l'on n'a ni instruction ni éducation aux manières d'être, et en particulier au contrôle de soi : c'est bien ce que nous enseigne ce modèle de la IIIe République, qui s'incarnera d'abord dans la formation des maîtres.

Les écoles normales d'instituteurs et d'institutrices seront de véritables « séminaires laïcs » (Jeury et Baltassat), et les jeunes gens y recevront non seulement un enseignement disciplinaire mais aussi un enseignement moral, et même une éducation au savoir-vivre des élites : manières de table, maintien et tenue vestimentaire, langage seront transmis avec la plus grande rigueur pour transformer les enfants du peuple en « hussards noirs de la République », modèle de référence pour tous. Même si la réalité ne sera pas toujours à la hauteur de cette ambition, le message sera clairement compris par tous.

C'est ainsi qu'est né le lien indissociable entre démocratie et civilité : c'est pour cela qu'aujourd'hui il m'est apparu avec force que remettre en cause la civilité ne pouvait que saper irrémédiablement les bases de la démocratie.

Le savoir-vivre discrédité

Cette civilité d'antan, « bonnes manières à l'égard d'autrui », est prodigieusement malmenée aujourd'hui. Comment l'expliquer quand on saisit le lien indissociable entre démocratie et civilité ?

Un incident parmi d'autres me l'a fait comprendre. Une de mes jeunes collègues de français à l'époque où j'enseignais en zone sensible, très exigeante avec les élèves, dynamique et motivée, tenait à tout prix à les emmener au théâtre. Je les y accompagnais donc de temps en temps.

Un jour, elle avait réussi à avoir des places pour un ballet à l'Opéra Garnier. Elle avait insisté auprès des élèves pour qu'ils fassent un effort de tenue vestimentaire, poussant le zèle jusqu'à leur faire lire des descriptions de sortie d'opéra par un chroniqueur mondain des années 1850 ! Tout en leur expliquant que les choses avaient bien changé, elle avait voulu leur faire comprendre qu'il fallait adapter un peu leur tenue pour ne pas se faire remarquer.

Sur la quarantaine d'élèves que nous emmenions ce soir-là, trois ou quatre filles et garçons seulement avaient joué le jeu : les deux garçons avaient troqué le sweat-capuche contre une chemise, le pantalon « baggie » descendant en dessous des fesses contre un jean propre, et les épaisses baskets multicolores à lacets défaits contre des chaussures de sport foncées, plus neutres. Les filles avaient enfilé une robe prudemment assortie de santiags pour ne pas avoir l'air « de trop se la jouer ».

La soirée fut pénible pour eux : les autres ne cessèrent de se moquer d'eux derrière le dos des enseignants.

Je m'interrogeais : pourquoi s'habiller pour sortir (en l'occurrence, adopter simplement une tenue un peu plus neutre que le look petites frappes, sans se mettre pour autant en costume-cravate) était-il encore plus gênant pour ces jeunes qu'être polis envers leurs professeurs ?

La réponse était simple : parce que c'était assimilé à un groupe social, les élites, à la fois enviées et honnies pour leur richesse, et s'habiller pour sortir paraissait être un code social ridicule, infondé, entaché d'une soumission à des façons de faire et de se conduire totalement délégitimées – pour ne pas dire désuètes – aujourd'hui.

En même temps, j'eus l'intuition que ce qui était en cause ici, c'était surtout le savoir-vivre, en tant qu'usages reconnus et respectés par un groupe social se distinguant des autres par des codes précis. Pour autant, était-ce un manque de civilité, c'est-à-dire de « bonnes manières à l'égard d'autrui » ?

Non, me semble-t-il : aller à l'opéra en sweat à capuche ne gêne personne ; il ne s'agit donc pas d'un manque de civilité mais d'un manque de savoir-vivre, assumé par ces jeunes comme un refus d'appliquer des usages qui ne leur paraissent pas légitimes.

Cette expérience m'a permis de comprendre l'importance de distinguer ces deux notions pour appréhender les incivilités d'aujourd'hui.

Et là encore, l'analyse historique offre des repères irremplaçables : car le refus du savoir-vivre (et non de la civilité) a des racines profondes dans notre société, comme l'expliquent les historiens.

Cette contestation du savoir-vivre remonte en fait à la Révolution française – qui va valoriser l'antipolitesse.

Compte tenu des conditions d'émergence du savoir-vivre que l'on a décrites plus haut, il apparaît en réalité assez logique que la Révolution et le savoir-vivre n'aient pas fait bon ménage. En effet, les révolutionnaires vont s'opposer violemment aux usages anciens du fait de la marque très profondément aristocratique qu'ils portent à la fin du XVIIIe siècle (Rouvillois).

Parce que le savoir-vivre est encore étroitement lié à l'étiquette royale, qu'il apprend à chacun à tenir sa place dans les hiérarchies sociales, qu'il distingue ceux qui le connaissent et le pratiquent des autres, qu'il valorise le paraître plutôt que l'être, il va faire l'objet d'un dénigrement systématique de la part des révolutionnaires. Ceux-ci vont lui opposer l'impératif d'égalité, qui ne saurait souffrir de telles pratiques de distinction entre des individus appelés à être égaux devant la loi.

La démocratie serait ainsi parfaitement incompatible avec le savoir-vivre : Saint-Just ne déclarait-il pas : « La grossièreté est une sorte de résistance à l'oppression » ?
C'est ici que réapparaît avec force la vieille idée que la politesse peut être une forme d'hypocrisie, car elle sert à masquer les vrais sentiments et les vrais mobiles de tel ou tel comportement. Idée accréditée par Jean-Jacques Rousseau lui-même...

On va donc lui opposer le franc-parler du peuple et développer une antipolitesse absolue (Rouvillois). On supprime le vouvoiement et tous les titres sous-entendant une position sociale élevée, on s'oblige à l'interjection de « Citoyen, Citoyenne » quelles que soient l'allure et les fonctions sociales de la personne ainsi interpellée (qu'on se rappelle le procès de Marie-Antoinette).
Ce lien entre politesse et monarchie sera également affirmé avec force par la révolution bolchevique de 1917, où l'on verra de même s'imposer le tutoiement et une seule appellation égalitaire, « Camarade ».
Si cette antipolitesse, portée à son extrême sous la Terreur, reflue très vite après la chute de Robespierre, elle va laisser des traces profondes

dans l'imaginaire populaire en France, qui ne cessera de faire rimer savoir-vivre avec élitisme et distinctions sociales.

Ainsi, très vite, au XIXᵉ siècle, la classe ouvrière oppose une résistance certaine au retour des usages de politesse, s'appuyant sur une contre-culture persistante de refus des hiérarchies. L'exode rural, jetant dans la misère des généra-tions d'hommes, de femmes et d'enfants qui ne trouveront de soutien qu'auprès d'un mouvement ouvrier en expansion, alimente tout au long du siècle la grande peur des « classes laborieuses ».

À l'inverse, cette peur sera un puissant moteur de retour à la politesse, qui se diffuse dès lors jusque dans les couches les plus modestes, qui y voient un moyen important et irremplaçable de se distinguer des classes laborieuses (Muchem-bled).

On voit ainsi la place qu'occupent les pra-tiques de savoir-vivre, de politesse, dans les grands clivages sociaux issus de la Révolution française et du développement du capitalisme. En refusant un « *dress code* », de s'habiller (un peu) pour sortir, acte marqué socialement, nos jeunes sont, ni plus ni moins, les dignes héritiers de cette antipolitesse. Surtout ne pas singer « ces gens-là », ce serait le comble du déshonneur.

Pour autant, et une fois de plus, rappelons que ce n'était pas la civilité qui était mise en cause ici, mais uniquement le savoir-vivre comme un ensemble de pratiques considérées comme élitistes et discriminantes.

L'antipolitesse d'origine révolutionnaire va ensuite être relayée par l'analyse sociologique, qui considère le savoir-vivre comme une pratique socialement discriminante. Ainsi, à partir des années 1960, cette analyse va se substituer progressivement à l'approche jusqu'ici essentiellement historique du savoir-vivre.

Dans une perspective marxisante, incontournable en sciences sociales à cette époque, Pierre Bourdieu, et à sa suite de nombreux autres sociologues (Michel et Monique Pinçon-Charlot ou Beatrix Le Wita), vont s'efforcer de montrer à quel point la culture (le « capital culturel » dont fait partie, pour eux, le savoir-vivre) est un « instrument de domination des classes dominantes sur les classes dominées ».

Précisons que, selon ces analyses, le capital culturel comprend les diplômes d'un individu (ou plutôt d'une famille), le patrimoine sous forme d'objets d'art, de mobilier, de demeures anciennes. Mais ce capital culturel inclut également — et c'est essentiel ! — « l'habitus », c'est-à-dire l'ensemble des manières incorporées physiquement par l'individu : ici le corps même apparaît comme une signature sociale. Langage, gestuelle, manière de se tenir sont autant de signes de reconnaissance sociale entre les individus d'un même milieu (B. Le Wita, *Ni vue ni connue*, 1988). Autrement dit, le savoir-vivre imprime sa marque au corps.

De son côté, dans son œuvre la plus connue, *La Distinction*, 1979, Bourdieu analyse avec une extraordinaire minutie les spécificités de l'éducation bourgeoise, qui permet, selon lui, de maintenir impitoyablement à distance les autres groupes sociaux : par exemple, passer à table permet de classer socialement et d'emblée les individus !

De ce fait, le capital culturel serait un marqueur de distinction sociale bien plus puissant que l'argent. Et la combinaison par un individu ou une famille de ce capital culturel avec un capital économique (patrimoine) et un capital social (ensemble des relations sociales) transforme l'idéal républicain d'égalité des chances en une trompeuse illusion dans nos sociétés modernes.

Bien plus, ce capital culturel permettrait d'exercer une domination sans faille des élites sur les classes populaires.

En effet, la valorisation de la culture au sens humaniste du terme (culture de l'honnête homme du XVIIᵉ siècle) est perçue comme une caractéristique de l'élite. Grâce à leurs ressources, les familles de ce groupe social peuvent « cultiver » leurs enfants beaucoup plus que les autres : sorties culturelles, apprentissage précoce des langues étrangères, voyages à l'étranger, lectures fréquentes permettent aux enfants de ces milieux d'être nettement plus performants à l'école en moyenne que leurs camarades. Car l'école républicaine conçue au XIXe siècle repose, comme on l'a vu, sur cette exigence de l'honnête homme : ceux qui intègrent l'école en ayant déjà cette figure comme référence sont gagnants par rapport à ceux qui doivent produire un véritable travail d'acculturation (c'est-à-dire de passage d'une culture populaire à une culture des élites), rendu d'autant plus difficile que cette figure de l'honnête homme est aujourd'hui implicite à l'école. Elle n'est donc pas explicitée en tant que telle...

La conséquence de cette inégalité fondamentale à l'école se traduirait par des résultats scolaires radicalement différenciés, comme on peut le voir au bac : un enfant de la CSP cadres et catégories intellectuelles supérieures a trois fois plus de chances de réussir son bac que les jeunes issus de la CSP ouvriers. Et cet écart s'aggrave dans les études supérieures, pour atteindre son maximum dans les classes préparatoires...

Parallèlement, les élites opposent la culture humaniste incarnée dans les « grandes œuvres de l'esprit ou des arts » (la peinture, la musique, la littérature, l'architecture, etc.), dont la connaissance et la fréquentation révèlent l'honnête homme, à la culture du peuple, qualifiée de vulgaire et donc indigne d'intérêt.

En établissant cette hiérarchie claire, les élites enfermeraient les milieux populaires dans la conscience de leur infériorité non seulement économique (absence de patrimoine), mais aussi sociale et culturelle.

La boucle est bouclée : c'est l'école qui permettra d'extraire les milieux populaires du vulgaire pour leur donner accès à la « culture », comprise comme un ensemble de savoirs et de connaissances des grandes œuvres, mais aussi comme la maîtrise du langage, du corps, etc. Reste que ceux qui partiront avec une longueur d'avance dans cette maîtrise seront avantagés dans la compétition pour les positions sociales privilégiées.

La conséquence de cette double hiérarchisation, toujours selon Bourdieu, est une redoutable reproduction sociale des positions élevées et des positions basses dans la société, qui met à mal l'idéal égalitaire et méritocratique de la République.

Ce détour un peu long par l'analyse sociologique est néanmoins important pour comprendre les ressorts des évolutions futures.

En effet, l'héritage révolutionnaire de l'anti-politesse au nom de l'égalitarisme se combine ainsi à la dénonciation par la sociologie du rôle de la culture dans le phénomène de reproduction sociale ; et cette dénonciation va aboutir à une remise en cause profonde des codes sociaux structurant nos sociétés, au premier rang desquels le savoir-vivre. Mais, ce faisant, cette contestation va mettre à mal également — quoique pas toujours sciemment — le modèle républicain de l'honnête homme, la civilité, sur lequel reposait de fait notre démocratie.

D'abord, puisque la culture crée des hiérarchies intolérables, il faut abolir l'aspect discriminatoire de ses contenus : la culture ne doit plus permettre de classer les individus. On va alors s'appuyer sur le sens anthropologique de la culture, beaucoup plus large que son sens humaniste : est désormais qualifié de culture l'ensemble des manières d'être, de penser et d'agir commun à un groupe d'individus et qui le différencie des autres.

Dans ce sens-là, tout est culture : de la cuisine aux habitudes quotidiennes. On ne peut donc plus opposer d'une part une culture savante (culture générale) à une culture populaire ; ou d'autre part des cultures supérieures (la culture occidentale) à des cultures inférieures (les autres) : ici disparaît donc la notion de civilisation, c'est-à-dire la notion d'une société ayant atteint un haut niveau de mœurs qui se concevrait par là comme supérieure aux autres.

De même, à l'école, si l'on continue d'enseigner des savoirs, on ne va plus mobiliser d'autres aspects de culture savante afin d'éviter toute différenciation entre les élèves ; ainsi les élèves ne sont plus censés avoir de la culture générale, et les enseignants ont pour mission de ne plus faire appel à ce type de connaissances acquises *en dehors* de l'école.

Seul acquis des élèves que l'on peut mobiliser : l'expérience, le vécu.

De plus, l'évaluation ne doit plus porter que sur les acquis transmis par les enseignants : on va rendre les épreuves de bac beaucoup plus proches des contenus enseignés pour éviter justement la mobilisation de connaissances extérieures. C'est ainsi que le traditionnel exercice de dissertation est rendu facultatif dans la plupart des disciplines. Il est mis au choix avec des épreuves qui vont valoriser les acquis purement scolaires, s'appuyant sur des méthodes clairement explicitées en classe, ou sur des documents qui rappellent les aspects principaux d'un sujet.

L'aboutissement de ce processus se résume dans la conception d'une évaluation uniquement orientée vers les compétences acquises (et non plus les *savoirs* acquis) par les élèves : savoir lire un texte, en extraire l'idée principale, savoir argumenter, par exemple. Ou bien savoir chercher une information, savoir effectuer un classement de documents qui ont été distribués, etc. Les savoirs ne sont plus conçus que comme des supports permettant l'acquisition de ces compétences.

Ainsi, les livrets de l'école primaire évaluent les acquis des élèves uniquement sous cet angle : aucun apprentissage de connaissances n'est répertorié dans le livret. Exemple des rubriques d'évaluation en classe de CM2 :

« Langue française, éducation littéraire et humaine » :

Littérature, compétences évaluées : lecture orale, lecture, compréhension, expression écrite, poésie-expression orale.

Observation réfléchie de la langue, compétences évaluées : grammaire, orthographe, vocabulaire, conjugaison.

En aucun cas n'apparaissent des acquis en termes de savoirs sur des auteurs, des œuvres, des genres littéraires, des acquis de culture générale. L'essentiel n'est pas là.

À l'heure actuelle, cette évaluation par compétences doit se généraliser au collège et au lycée.

L'enseignement n'est plus porteur de culture au sens humaniste du mot, mais uniquement de compétences ou de savoir-faire.

On en a une illustration parfaite avec la réforme du lycée de 2010, qui préconise la désignation dans chaque établissement d'un référent culture : appartenant aux équipes pédagogiques, généralement un professeur, celui-ci a pour mission de développer les activités culturelles à destination des élèves. On ne saurait mieux souligner à quel point la culture a été évacuée de l'enseignement et des missions des enseignants au sein des classes et de leurs cours, pour que l'on ait besoin d'attribuer spécifiquement cette tâche à un référent culture…

Quant aux élèves d'aujourd'hui, ils ont tellement intégré l'idée que la culture savante n'est pas légitime qu'ils n'hésitent pas à citer Bernard Tapie ou David Beckham au même titre qu'Émile Zola, comme me l'a raconté une collègue de français (les professeurs de français et de philosophie sont intarissables d'anecdotes du même genre), en toute bonne foi, puisque Bernard Tapie ou David Beckham « écrivent bien des livres eux aussi » – leur biographie. De même que les élèves voient de moins en moins la différence entre un vers de Ronsard et un slogan publicitaire…

Et, devant le professeur ne sachant plus comment faire (et qui, lui, est encore censé tirer son autorité de son niveau de savoir et de culture), ils sont capables de défendre mordicus que les deux se valent, et pas par goût de la provocation, loin de là ! Le professeur essaie de les convaincre ? Qu'importe, le professeur n'a aucune crédibilité à leurs yeux puisque l'égalité implique l'inexistence de hiérarchies quelles qu'elles soient : son niveau de savoir et de culture n'a donc aucune légitimité aux yeux des élèves... ce qui remet en cause les fondements mêmes de la relation de maître à élève et la légitimité d'une autorité du premier sur le second.

La relation d'enseignement n'est plus possible dans ces conditions-là, comme en font l'expérience un nombre croissant d'enseignants, aujourd'hui en permanence mis en difficulté dans leurs classes par des élèves de plus en plus jeunes.

Pour ma part, je ne peux oublier ces conversations récurrentes de la salle des professeurs où pointe, malgré la retenue et le courage de chacun, une amertume immense chez tous ces collègues cultivés, et même brillants pour certains d'entre eux...

Je me rappelle un incident en zone sensible : un élève de seconde, perpétuellement provocant (ricanements à la moindre remarque, contestation systématique de ses notes, ponctuée de « c'est n'importe quoi » à propos de mes exigences sur les copies et en cours, bruits, etc.), m'avait obligée à le sanctionner plus vertement. Pour le faire réfléchir (on ne doit plus donner de punition humiliante, de type copier cent lignes de « Je dois me tenir tranquille en cours et respecter le professeur »), je lui avais demandé d'écrire une page sur : « Qu'est-ce que l'excellence, qu'est-ce que la médiocrité ? » Réponse : on ne doit jamais employer ces termes, on n'a pas le droit de juger les autres, et le médiocre c'est justement celui qui porte des jugements. Quant à l'excellence, l'élève n'en parlait pas ; il ne savait peut-être même pas de quoi il s'agissait...

Comment exprimer ici l'immense découragement que j'ai ressenti à la lecture de cette argumentation, bien évidemment émaillée de fautes d'orthographe et d'accord en tout genre (« Celui qui panse sa, ils manque de respect a sont élève. ») ?

Au fond, à quoi peut bien servir un enseignant aujourd'hui s'il n'est plus censé transmettre un savoir et initier les élèves à la culture ? Développer des compétences, n'importe quel programme informatique accessible sur Internet peut le faire, me semble-t-il...

Dans cette perspective, il devient également impossible de faire distinguer à certains élèves le savoir scientifique d'une opinion. Ainsi, chaque année, j'accompagne des élèves de première dans leurs TPE (travaux personnels encadrés) : par groupes de deux ou trois, ils choisissent un sujet et doivent développer une réflexion argumentée fondée sur une recherche documentaire. Ce travail débouche sur une production écrite (la plupart du temps un dossier) et une présentation orale.

Comment leur expliquer que le blog de Kevin, vingt-cinq ans, où ils trouvent des informations pour leurs recherches sur l'homoparentalité, n'a pas le même statut que l'enquête de l'INED (Institut national d'études démographiques) menée par un chercheur reconnu ? Si je le leur explique, certains sont choqués qu'il puisse y avoir une hiérarchie entre ces individus : « C'est injuste les hiérarchies, on a le droit d'être tous égaux, et moi je trouve que Kevin, il a raison et pas le chercheur. »

Puisque la culture humaniste, savante, n'est plus légitime, pourquoi le professeur, le chercheur, porteur de savoir et de culture, devrait-il être considéré comme « supérieur » aux élèves qui ont bien le droit, eux aussi, d'avoir leur *opinion* ?

L'effacement de la référence « culture », engagée depuis plus de trente ans, a bien atteint son but : supprimer les hiérarchies qu'induisait la culture humaniste depuis le XVIe siècle.

Ensuite la culture se décline aussi en termes de qualités d'être, exprimées par le savoir-vivre : c'est aussi le corps qui qualifie l'homme civilisé, on l'a vu.

Il va donc s'agir de supprimer ces marques extérieures de la culture. Puisque les comportements permettaient aussi de différencier les individus, on va aussi cesser de valoriser les comportements empreints de savoir-vivre, ou simplement de civilité !

Désormais chacun doit être libre de s'exprimer, de manger, de s'habiller, de se mouvoir selon ses habitudes : aucune prescription ne doit intervenir en la matière. Ainsi, une stricte égalité sera observée puisque aucune manière particulière ne sera valorisée par rapport aux autres, sans qu'aucun jugement puisse être porté sur les comportements et les manières de l'autre. Disparaissent ainsi les oppositions vulgaire/distingué, populaire/noble, bien/mal, ce qui se fait/ce qui ne se fait pas, etc.

La politesse redevient suspecte... et celui qui s'appuierait encore sur ces distinctions passe alors pour un ennemi de l'égalité.

Dans une société qui accueille de plus en plus d'immigrés, issus de cultures très diverses, société dite multiculturaliste, ce refus du jugement social a l'avantage de valoriser la tolérance face à la différence.

Toujours est-il que les cercles qui continuent de fonctionner sur les conceptions anciennes de la culture (connaissances et savoir-vivre) sont marginalisés. Ils ne font plus référence pour l'ensemble de la société, mais apparaissent comme foncièrement antidémocratiques, antiégalitaires et totalement délégitimés dans leurs façons d'être.

C'est bien pour cela que nos élèves ne feront aucun effort vestimentaire pour se rendre à l'Opéra de Paris, ou qu'on ne sanctionnera pas au lycée ce garçon qui portait des inscriptions porno sur son sac Eastpak.

Enfin, le mouvement de Mai 68 va achever ce processus de délégitimation du savoir-vivre : la jeunesse révoltée va revendiquer haut et fort la liberté à tout prix, revendication qui s'ajoute à celle, plus ancienne, d'égalité.

« Il est interdit d'interdire », « Sous les pavés, la plage » ! À eux seuls, ces slogans résument toute la philosophie d'un mouvement qui a façonné nos sociétés contemporaines.

« Il est interdit d'interdire » : une injonction qui impose le primat de l'individu sur le collectif. Ma liberté avant tout, désormais, il y a peu de choses que la collectivité peut exiger de moi. Si les nostalgiques d'antan font rimer individualisme avec égoïsme, ils se trompent : il s'agit surtout de rejeter la marque du collectif sur nos façons d'être, sur nos choix de vie, sur notre destin.

« Sous les pavés, la plage » : soulevons tout ce qui nous étouffe, les pesanteurs des prescriptions sociales, le carcan des conventions notamment, et nous trouverons le bonheur.

Et cette révolution quasi philosophique (il s'agit bien de concevoir la vie autrement) se traduit par... le corps. Le corps aussi a droit à sa libération : fini le corsetage des besoins physiques, notamment sexuels ; jetés aux oubliettes, les préceptes de maintien, d'habillement, et les bonnes manières de Bonne Maman.

Vive la liberté du corps non contraint... Les tongs à l'opéra, le chewing-gum en entretien d'embauche, les cheveux rouges à l'enterrement de tante Marcelle, les doigts dans le nez au volant de sa Twingo, les slogans porno sur l'Eastpak et le fin du fin, le jean lacéré pas lavé depuis cinq ans dans le fauteuil Louis XVI recouvert de soie champagne à la réception de l'hôtel Meurice...

Sans parler du confort inouï que procure le fait de ne plus avoir à chercher de poubelle dans la rue pour jeter le cornet MacDo ! De ne plus devoir se lever pour laisser sa place aux plus âgés dans l'autobus, de pouvoir insulter le ringard qui exige que l'on respecte le feu rouge, de pouvoir doubler au cinéma tous les imbéciles qui attendent leur tour à la caisse, de pouvoir enfin abandonner en toute tranquillité Pénélope et notre insupportable Léo de deux ans aux joies de la famille monoparentale...

Belle et précieuse liberté individuelle !

À la revendication forte d'égalité sous-jacente depuis la Révolution dans notre culture de la démocratie, Mai 68 a donc ajouté celle de la liberté sans faille, absolue.

Valorisant logiquement le naturel, le retour des sentiments et de leurs manifestations, la sponta-néité, cette révolution des mœurs a du même coup totalement discrédité le contrôle de soi, épine dorsale de la civilité et du savoir-vivre.

Doit-on regretter ce discrédit jeté sur le savoir-vivre ? Pas forcément : parce que ce qui a été attaqué et rejeté, c'est le savoir-vivre en tant que « connaissance et pratique des usages du monde », qui imprime des relations conventionnelles, la peur du qu'en dira-t-on et des discriminations sociales. Encore une fois, nos jeunes de banlieue n'étaient finalement pas une gêne pour les autres en allant à l'opéra en sweat à capuche.

Mais, en même temps, cette critique des « usages du monde » n'a pas su distinguer savoir-vivre et civilité. Car le rejet de la culture humaniste hiérarchisante a aussi discrédité la civilité : que l'on trouve ridicules des préceptes du type « le foie gras se mange avec la fourchette et non avec le couteau », soit, mais qu'on mette dans le même panier qui sous-entend de laisser sa place à une personne âgée est une erreur majeure que nous payons très cher aujourd'hui.

Très clairement, pour moi, la source des difficultés actuelles, et notamment la crise des incivilités, vient de ce que les générations qui nous ont précédés ne se sont pas rendu compte que le savoir-vivre était en réalité complètement adossé à une civilité irréductiblement constitutive de nos démocraties. On a, en quelque sorte, « jeté le bébé avec l'eau du bain ». Croyant se débarrasser des conventions par souci d'égalité, on a également totalement oublié les « bonnes manières à l'égard d'autrui » (la civilité) par souci d'une liberté individuelle absolue, alors qu'elles sont le fondement et le ciment d'une société démocratique.

De même, le regain d'intérêt aujourd'hui pour les questions de savoir-vivre confond les deux notions : c'est en réalité un retour à une certaine civilité que l'on souhaite, et non à des « usages du monde », sophistiqués et discriminants socialement. Cela implique soit de débarrasser le savoir-vivre de sa connotation élitiste pour l'employer au sens de civilité, auquel cas on pourrait parler de « savoir-vivre ensemble », soit de reparler de civilité (notion un peu démodée aux yeux de certains, comme si parler de savoir-vivre était plus valorisant).

La civilité oubliée

Le rejet du savoir-vivre nous a donc fait oublier la civilité : nous allons montrer plus précisément comment ce processus s'est produit.

Pour commencer, il faut comprendre que les incivilités se définissent par opposition à la civilité, et non par rapport au savoir-vivre. Le dictionnaire considère que l'incivilité est un manque de civilité (Le Petit Littré), la civilité étant elle-même définie comme les bonnes manières à l'égard d'autrui, on l'a vu. Les incivilités sont donc un « manque de bonnes manières à l'égard d'autrui ».

Bref historique : de la civilité au savoir-vivre

Parmi tous les ouvrages qui ont abondamment traité de cette question depuis les années 1990, le livre *Face aux incivilités scolaires, quelles alternatives au tout sécuritaire* (2001) donne la parole à quatre auteurs différents.

L'un d'eux, Didier Mazoyer, commissaire principal, insiste sur le fait que l'on confond souvent incivilités et violences : les injures et les menaces sont pour lui déjà des violences. Quand on parle d'incivilités, on parle du stade qui précède ces comportements violents : jeter ses déchets dans la rue, bousculer les personnes âgées, cracher à la figure de quelqu'un sont des incivilités. Ce qui est en cause ici, c'est le manque de bonnes manières à l'égard d'autrui, le manque de civilité donc, et non le savoir-vivre proprement dit.

Ce sont, dit-il, les premiers signes d'une grave détérioration des règles de vie commune, qui se manifestent d'abord à l'encontre de l'entourage du jeune concerné : famille, voisinage, enseignants.

Par ailleurs, rappelons que la civilité s'est appuyée sur une pacification de la société, c'est-à-dire la confiscation de la violence par la puissance royale, puis étatique. Les individus ont renoncé à régler leurs différends par les armes pour confier leur sécurité à la force publique et à la justice.

Cette évolution est très positive pour les historiens : elle amène la civilisation, soit le développement d'un haut niveau de mœurs articulé sur un fort contrôle d'eux–mêmes par les individus.

Ce contrôle est le fruit d'une éducation qui va valoriser la maîtrise de soi : de ses sentiments, de son langage, de ses comportements, des manifestations de son corps. Elle va de pair avec l'acquisition d'une culture de l'esprit.

Dans cette perspective, l'incivilité peut être comprise en premier lieu comme le fruit d'une moindre éducation au contrôle de soi, qui résulte directement de la contestation du savoir-vivre.

En effet, si je peux désormais déguster le foie gras indifféremment avec la fourchette ou le couteau, pourquoi devrais-je continuer à céder ma place aux personnes âgées ?

Si l'on valorise chez l'enfant sa liberté, de mouvement, de décision, de comportement, sans lui imposer des règles extérieures, il ne fera pas de distinction quand il s'agira d'autrui.

Autrement dit, puisque l'on ne le contraint pas à respecter certaines règles (manger son foie gras avec le couteau), pourquoi devrait-il accepter d'autres règles qui lui paraissent tout aussi injustifiées car elles demandent un effort sur soi ? Il sera donc plus enclin à contester les règles à l'école (arriver en retard, bousculer un camarade trop chargé, ne pas mettre sa chaise sur la table pour faciliter le ménage, crayonner sur son bureau parce qu'il n'a pas de papier sous la main, etc.), puis dans l'espace public (jeter ses papiers par terre, ne pas respecter les feux et les passages piétons, etc.).

C'est ainsi que l'on a commencé à glisser insensiblement d'un rejet des règles de savoir-vivre à celles de la civilité.

De plus, la civilité a aussi été conçue comme un langage commun mobilisé d'abord par la monarchie, pour permettre la cohabitation des élites, puis par la République, pour fondre entre elles les différentes élites mais aussi pour favoriser l'ascension sociale du plus grand nombre et assurer l'unité de la nation.

La civilité fait donc primer l'impératif du vivre ensemble (le collectif) sur l'individu.

Or on sait que ce primat du collectif est rejeté fortement par les nouvelles générations autour des années 1960. Celles-ci, en valorisant l'intérêt de l'individu, vont, pas toujours sciemment, abolir le sens du collectif : si l'on nie l'importance du collectif, la civilité n'a pas lieu d'être.

Dans cette optique, les règles de vie commune sont donc perçues comme une contrainte insupportable à la liberté individuelle (contrôle social), et les sanctions que peut prendre le collectif comme une entrave à la liberté : cette jeunesse a eu une véritable phobie de la police, par exemple (rappelons-nous, là encore, quelques slogans du type « CRS – SS »).

Ainsi, la sanction est décriée au nom de la liberté. On ne va donc plus sanctionner des actes ou des comportements considérés comme une manifestation normale de notre liberté personnelle. Par exemple, dans les établissements scolaires, on considère normal que les élèves choisissent ou non d'apporter leur matériel pour travailler. On ne sanctionnera pas le non-travail, une tenue vestimentaire provocante, des injures à autrui et des gestes hostiles.

De même, dans les couloirs de beaucoup d'établissements, les adultes ne s'autorisent plus à reprendre les élèves qui fument, qui jouent avec leur téléphone portable, ou qui se battent pour jouer alors que c'est strictement interdit par le règlement intérieur. Et l'enseignant qui s'interposerait, comme il m'est arrivé de le faire, s'attire, au mieux, des rires et des haussements d'épaules (« Pour qui elle se prend, celle-là ? »), si ce n'est des bras d'honneur, voire bien pire dans certains établissements (pneus crevés, messages menaçants dans les casiers, etc.). La notion même de règle commune qui permet de vivre ensemble disparaît car, ce que l'on retient, c'est la règle qui brime la liberté et non la règle qui permet de vivre ensemble. Ainsi les jeunes s'habituent à avoir des « manques à l'égard d'autrui » sans jamais soulever de réaction.

Enfin, on l'a vu, la civilité est contestée par les tenants de l'égalité, puisqu'elle enseigne notamment le sens des hiérarchies (entre l'honnête homme et le vulgaire pour commencer, puis entre l'être civilisé et cultivé et le rustre inculte). Donc dans une société qui s'enorgueillit d'être tolérante, de respecter les différences de comportement, de valeurs et de normes, pratiquer la civilité comporte le risque soit de froisser quelqu'un qui ne connaîtra pas ces codes, soit de juger une personne, ce qui est encore pire. On ne se sent plus le droit de porter un jugement, sous peine de manifester le mépris de la différence.

Cette tolérance conduit inévitablement à accepter beaucoup de comportements très éloignés des normes de civilité.

Au bout du compte, ces trois positions (valorisation de la liberté, primat de l'individu sur le collectif et respect des différences) conduisent à un refus fort de tout ce qui peut s'apparenter à un contrôle de soi par soi-même ou par les autres à l'aune d'un certain nombre de règles de vie commune (le contrôle social).

Dans une telle société, le jeune pourra perpétrer un nombre considérable d'incivilités sans rencontrer ne serait-ce que de la réprobation, et encore moins de sanction. Il pourra progressivement glisser vers la violence, et devra en arriver à commettre des actes graves pour toucher enfin la limite de ce que le groupe peut tolérer : par exemple vol à la sauvette, incendie de voitures, etc. Ce qui veut dire que tant qu'il ne commet pas d'acte de délinquance, son manque d'égard pour autrui ne sera pas sanctionné.

C'est l'une des raisons majeures du développement très fort des incivilités : ce sentiment d'impunité face à des règles de vie commune, qui sont peu ou pas visibles et perceptibles car non explicitées par les institutions (famille, école), pour les raisons évoquées plus haut, et qui précipite les jeunes vers des formes plus violentes de transgression. En sociologie, on qualifie ce phénomène de « théorie de la vitre brisée ».

Ce problème est renforcé par la faible conscience que semblent en avoir nombre d'adultes imprégnés par la culture des années 1960 : ainsi, les incivilités sont souvent qualifiées par les parents ou les enseignants de « péché de jeunesse », selon Marie-Dominique Vergez, présidente du tribunal des enfants de Créteil et coauteur de *Face aux incivilités scolaires*. Elles ne sont donc pas considérées comme graves.

Outre mes fonctions d'enseignante, je siège au conseil de quartier de mon lieu de résidence. Je me souviens d'une présentation de la police municipale sur ses actions de prévention. Pour situer les enjeux aux membres du conseil, l'officier de police avait raconté l'anecdote suivante, qui s'était produite dans notre quartier : une nuit, un mineur de treize ans avait été victime d'un accident de scooter à une heure du matin, au volant d'un engin... qui s'est avéré être volé. Convoquée au commissariat, sa mère ne voyait pas « où était le mal ; il est jeune, ça lui passera, monsieur le commissaire... ». L'officier s'interrogeait sur le fait qu'on puisse effectivement considérer normal qu'un garçon de treize ans soit seul dans la rue à une heure du matin (n'a-t-il pas classe le lendemain ?). Et peut-on aussi considérer normal, à son âge, d'avoir voulu s'amuser un peu en volant un scooter ?

On comprend bien que la qualification de « normal » peut être perçue comme excessivement subjective. Car, en l'absence de loi écrite votée par la représentation nationale, qui peut s'arroger le droit d'édicter une règle en la matière ?

Les enseignants sont les premiers confrontés à ce flou artistique qui caractérise aujourd'hui les « règles de vie commune » : tricher à une interrogation, est-ce grave, ou un simple « péché de jeunesse » qui mérite l'indulgence et fait sourire ? Et que dire du joint fumé en cachette dans les toilettes ou des graffitis qui maculent les bureaux de tous les collégiens et lycéens de France et de Navarre ?

Exemple : une interrogation écrite surprise en début d'année dans une classe de terminale. Je repère très vite une élève à l'avant-dernier rang qui semble jeter des coups d'œil sous sa table. Je m'approche, elle cesse son petit manège. À vue de nez je ne repère rien de particulier entre elle et son bureau. Méfiante, je reste en arrière pour la surveiller de dos. Je m'aperçois vite cependant qu'elle colle son genou fortement au bureau, comme si elle voulait cacher quelque chose. J'attends la fin de l'interrogation (dix minutes), et je commence par ramasser sa copie en lui disant : « Je vous soupçonne fortement de tricherie. » « Moi, n'importe quoi ! » Je lui rétorque alors : « Ah vraiment ? Levez-vous donc s'il vous plaît ! » Elle refuse. La prenant par surprise, je tire légèrement son bureau : le geste suffit à déstabiliser son genou, et tombent alors par terre deux ou trois fiches qui portaient, évidemment, sur la leçon du jour.

Froidement, je mets immédiatement un zéro sur son interrogation. Furieuse, elle me soutient que c'est une honte, que ce n'était qu'une tentative de tricherie, qu'en réalité, elle n'a pas vraiment pu tricher, puisque je la surveillais tout le temps.

L'affaire ira jusqu'au bureau du proviseur, puisque son père exigera un rendez-vous avec moi où il défendra sa fille avec exactement les mêmes arguments (« Ce n'était qu'une tentative de tricherie, ça ne mérite pas un zéro qui va faire chuter sa moyenne de telle façon qu'elle ne va pas pouvoir présenter un bon dossier aux écoles qu'elle souhaite faire après le bac », etc.) et finira par aller se plaindre de mon inflexibilité au chef d'établissement.

J'ai jeté un coup d'œil au dossier administratif de cette jeune fille : le père déclarait la profession d'expert-comptable…

Ai-je tort de sanctionner un peu sévèrement la tricherie ? Beaucoup de mes collègues se contentent de hausser les épaules et de laisser faire, ou alors ils enlèvent un point, histoire de marquer, un peu, leur réprobation. Ont-ils raison de ne pas s'émouvoir davantage ?

En tout état de cause, c'est probablement en minorant la gravité ou la portée de ces comportements que l'on est progressivement, insidieusement, à l'insu de tous, passés d'une remise en cause du savoir-vivre à l'oubli de la civilité. En quinze ans d'enseignement, je n'ai pas vu un seul élève rougir d'être pris en flagrant délit de tricherie... Tricher et mentir est aujourd'hui normal pour beaucoup d'adolescents. Est-ce un progrès pour nos sociétés ?

En réalité, le fait même que je me pose la question prouve à quel point l'enseignante que je suis manque curieusement de repères institutionnels pour gérer ce type de situations, pourtant incroyablement banal...

Aux trois grandes causes de l'incivilité que nous venons d'évoquer se combinent en outre les mutations de la famille, qui agissent comme une véritable déflagration dans nos sociétés. Muchembled souligne en effet que l'apprentissage des « valeurs essentielles » s'opère en premier lieu dans la famille ; en particulier, selon lui, « obéir et désobéir » à la loi s'apprend en référence aux rôles des parents. Rôles sexuels d'abord, mais aussi sociaux, *a priori* intériorisés par les adultes et qui servent de modèles à l'enfant qui grandit.

Or les bouleversements des décennies précédentes au sein de la famille, l'émancipation des femmes, la culture de la contestation adolescente et parfois le chômage du « chef de famille », voire l'absence complète de figure masculine ont entraîné un affaiblissement sans précédent de l'autorité masculine, autour de laquelle s'organisait la famille. Dans le Code civil (1805), le père représentait la loi au sein de la famille, sorte de courroie de transmission de l'autorité et de la loi entre la société et l'État et la famille. L'effacement majeur de cette « autorité » a donc considérablement distendu le lien à la loi au sein de la famille.

Ainsi, nombre d'enquêtes sociologiques montrent que c'est aujourd'hui la mère qui assume l'autorité dans la famille, en fixant les règles, en veillant aux rythmes des enfants, au travail scolaire, aux fréquentations, etc. Même dans les familles où le père est présent, celui-ci est le plus souvent très en retrait par rapport à l'autorité, laissant à sa compagne cette tâche, souvent ingrate, il faut bien le dire. Et qui s'ajoute à la liste proprement invraisemblable de tout ce que les femmes assument aujourd'hui. Comme si son investissement plus important dans les soins aux tout-petits servait de prétexte au père à des rapports plus tendres avec l'enfant, interdisant tout type d'autorité plus tard. Ce qui fait dire à Sylvie Brunel, ex-femme du très contesté Eric Besson, dans son ouvrage *Manuel de guérilla à l'usage des femmes* (2009), en titre du chapitre 6 : « La libération des femmes ? Une libération des hommes surtout ! »

Du refus de l'autorité par les hommes, en passant par l'abandon pur et simple de leurs compagnes et de leur progéniture, elle y brosse une réflexion aiguë sur la condition féminine aujourd'hui, considérant la révolution des mœurs et l'émancipation des femmes comme un véritable marché de dupes !

Or les femmes en général ont un rapport très différent à l'autorité : plus matures plus jeunes, elles ont globalement moins besoin de la contrainte pour respecter la loi et sont plus responsables dans leurs actes dès l'adolescence. La psychanalyse explique cette plus grande maturité des filles à un âge précoce par l'œdipe : ce processus par lequel passe le jeune enfant provoque un détachement de la mère de la part des jeunes filles, qui se centrent momentanément sur la relation au père ; l'œdipe des garçons étant tourné vers la mère, le détachement du maternage ne se fait que beaucoup plus tard. Adultes et mères de familles, débordées par ailleurs la plupart du temps, les femmes n'imposent donc pas la loi de la même façon que les hommes, privilégiant le dialogue, la négociation, la réflexion... au détriment de la contrainte, qui implique un rapport de forces qu'elles ont souvent en aversion.

Si l'on peut se féliciter de la fin du modèle patriarcal, dont ont pâti pendant longtemps les femmes, il n'en reste pas moins que le défaut d'autorité forte pose problème dans l'éducation des enfants, et particulièrement pour les garçons.

Dans son ouvrage *Sauvons les garçons* (2009), Jean-Louis Audruc s'interroge longuement sur les causes de la moindre réussite scolaire des garçons par rapport à celle des filles. Et l'une des explications à ce décalage garçons-filles est justement l'absence d'un cadre plus contraignant et d'un rapport de forces qui impose l'adulte comme source incontestable de l'autorité, justement parce qu'ils sont globalement moins matures que les filles.

Enfin, le corps enseignant étant aux deux tiers féminin, l'effacement de l'autorité est également perceptible à l'école et pose les mêmes problèmes qu'au sein de la famille : dissolution du rapport à la loi et contestation permanente des règles nécessaires à la vie en collectivité.

C'est l'une des raisons majeures du succès de l'enseignement privé, qui offre, lui, un cadre beaucoup plus structurant aux familles, correspondant aux attentes éducatives de beaucoup d'entre elles.

Si l'on ajoute à cet effacement, au propre comme au figuré, du rapport à la loi, les nouveaux modes éducatifs dont on a déjà parlé, privilégiant la liberté et l'individu contre le collectif, la négo-ciation contre la contrainte, il est clair que nos sociétés sont confrontées à un défi majeur qu'elles ont du mal à relever : d'une part le non-respect de la loi et sa contestation permanente, ce qui se traduit là aussi par l'affaiblissement de la civilité et la multiplication des incivilités en tout genre, et d'autre part les réponses à y apporter.

L'AFFAIBLISSEMENT DE LA CIVILITÉ :
LES CONSÉQUENCES

La mise à mal du pacte républicain

Ce que j'ai vu au cours de mes quinze années d'enseignement, et que nos contemporains ont souvent du mal à admettre, c'est que l'effacement de la loi, perçu par toute une génération comme formidablement libérateur, conduit en réalité à réintroduire dans les rapports sociaux la *loi du plus fort*, qui s'oppose aux principes mêmes de la démocratie. C'est la première conséquence de l'affaiblissement de la civilité.

En effet, l'individu valorisant son intérêt personnel et sa liberté va agir d'abord en fonction de ces deux motifs, ce qui le conduit à négliger complètement la dimension collective de son existence et de ses actes.

Jeter son cornet de frites par terre plutôt qu'à la poubelle est un acte profondément libérateur... sauf que la vieille dame qui passe derrière nous risque de glisser sur ce papier gras et de se casser le col du fémur.

Se garer sur le trottoir pour aller chercher sa baguette de pain est un acte profondément libérateur.. sauf que l'on va obliger le parent qui arrive avec son landau à descendre sur la chaussée, ce qui lui fait prendre un risque non négligeable.

Insulter une fille qui passe parce qu'elle a évité votre regard est un acte formidablement libérateur, sauf que les filles aujourd'hui, particulièrement dans certaines banlieues, vivent dans la peur et n'osent plus sortir seules.

Tous ces actes vus par le simple regard de l'individu, pris isolément, manifestent clairement sa liberté : il affirme son intérêt immédiat, faire le moins d'effort possible, au détriment de l'intérêt collectif. Ainsi il manifeste que la contrainte sociale n'a pas de prise sur lui, il fait ce qu'il veut, quand il veut, et la réprobation qu'il peut sentir chez l'autre le laisse moqueur, ou totalement indifférent.

Or ces comportements mettent à mal ce qui est au cœur de nos démocraties : la liberté, l'égalité, la fraternité.

En effet, lorsque l'on étudie l'apparition de l'idée démocratique dans nos sociétés, le premier concept qui apparaît est celui des Droits de l'homme, que résume cette devise de la République. Cette notion des Droits de l'homme est l'aboutissement de siècles d'évolution, une superposition de strates conduisant à la formulation de ce concept.

Les Droits de l'homme prennent d'abord leur source dans l'Antiquité. Le code d'Hammourabi, une des plus belles traces de la civilisation babylonienne que nous avons la chance de pouvoir admirer au musée du Louvre, est une stèle de basalte datant du XVIIIᵉ siècle avant J.-C. Est écrit sur cette stèle le premier code juridique de l'Antiquité qui nous soit parvenu : trois cents lois et décisions juridiques réglementant la vie quotidienne à Babylone. Le Décalogue dans la Bible (« Tu ne tueras point, tu ne convoiteras pas le bien ni la femme d'autrui », etc.), plus tardif, apparaît aussi comme l'un des premiers codes de vie en société que l'on connaisse par écrit. Or ces codes cherchent tous deux à borner la liberté et les comportements des plus forts ; plus tard, les droits civiques de la Grèce et de la Rome antiques feront rimer droits avec devoirs, nécessitant la pratique de « vertus civiques ».

Les Droits de l'homme s'enracinent ensuite dans une réflexion philosophique à partir du

XVIIe siècle : Hobbes considérant que la société vaut mieux que l'« état de nature », car en concluant un pacte avec le souverain, l'homme échange sa liberté contre une plus grande sécurité physique. Autrement dit, l'« état de nature » soumet les individus à la loi du plus fort : le plus fort physiquement fera régner sa loi, c'est bien pour cela que les hommes se font la guerre depuis la nuit des temps. Et Rousseau d'ajouter que ce « contrat social » donne des obligations au souverain, qui sont autant de droits pour les sujets : il leur doit protection, et doit préserver la légitimité de son pouvoir en prenant des décisions justes s'il ne veut pas encourir la révolte de ses sujets...

Ces analyses expliquent celle que réalise Elias au milieu du XXe siècle : la pacification des mœurs est bien liée au fait que les individus renoncent à la violence physique entre eux pour un plus haut niveau de sécurité général, déplaçant leurs luttes sur un terrain qui ne met plus en jeu leur intégrité physique...

Ainsi se forge peu à peu l'idée que le pouvoir, pour être juste, comporte des devoirs, c'est-à-dire le respect du « contrat social » d'abord, puis le respect d'un certain nombre de droits attachés au statut de la personne humaine : ces droits seront formulés d'abord par le Bill of Rights en

Angleterre (1689), avec notamment l'Habeas corpus, puis ensuite, et surtout, par la Révolution française, qui fera faire un pas décisif à ces conceptions en rédigeant la Déclaration des droits de l'homme et du citoyen du 26 août 1789. Désormais, il est affirmé haut et fort que la personne humaine, par son statut même de personne humaine, dispose de droits imprescriptibles, inviolables et inaliénables : aucun pouvoir ne peut les supprimer.

Cette notion de Droits de l'homme donne véritablement naissance à l'État de droit, qui s'oppose à l'arbitraire du pouvoir, en fixant des limites à toute forme de pouvoir : celui du souverain, du père de famille, du patron.

Ce n'est pas un hasard si les régimes totalitaires du XXe siècle s'appuieront tous sur la suppression de ces droits, en commençant par éliminer les parlements producteurs de lois, donc de droits. Alexandre Soljénitsyne, dans son œuvre *L'Archipel du goulag* (1973), relate en quelques pages incisives cette conquête inouïe du communisme, qui raya en quelques années des siècles d'histoire marqués par l'émergence du droit... au nez et à la barbe de populations trop épuisées par la terreur rouge et les privations en tout genre pour réagir à cette désintégration.

Ce détour un peu long nous permet d'éclairer l'un des enjeux majeurs de la perte de la civilité : la réintroduction de la loi du plus fort. En effet, c'est par la force que l'individu fait primer son intérêt personnel : le jeune, ou moins jeune, qui double tout le monde dans une queue de cinéma, compte sur ses poings pour faire taire les protestations. C'est par la peur de violences encore plus grandes que les bandes dans les cités font régner leur loi sur un territoire : « Si tu protestes parce que je viens de casser tes vitres pour m'amuser, je vais sortir mon couteau et te faire la peau. »

Cette culture affirme sa liberté... en entravant, voire en supprimant celle des autres : pour étendre son périmètre de liberté, il faut empiéter et réduire celui du voisin. En doublant la queue au cinéma, par la force, j'empêche quelqu'un de rentrer alors qu'il a plus mérité sa place puisqu'il a patienté dans la queue. En annexant la cage de l'immeuble pour me livrer à des activités illicites, j'entrave la liberté de sortir des habitants qui n'osent pas affronter ma bande. J'ai donc, moi, toute liberté de circuler, alors que je supprime cette liberté à la jeune fille du troisième ou au vieux monsieur du cinquième.

En ne sanctionnant pas les incivilités, injures, graffitis, crachats dans l'espace public, retards, tricheries et autres à l'école, on laisse les jeunes

concernés s'enfermer dans une logique d'impunité, qui leur donne progressivement un sentiment de toute-puissance. Cela les conduit à
maîtriser de moins en moins leurs pulsions et,
comme nous l'avons vu plus haut, à commettre
ensuite des actes de plus en plus graves qui
empoisonnent la vie de leurs proches et de leur
voisinage.

Forts de cette toute-puissance, ils ne suppor-
tent peu à peu plus aucune contrainte, perçue
comme une entrave à leur liberté. Sans voir que
l'exercice de cette liberté se fait au détriment de
celle des autres.

Sans compter qu'à la moindre résistance à cette
prise de pouvoir certains jeunes basculent dans
une violence inouïe ; au point que certains peuvent se livrer à d'incroyables actes de barbarie sans
même en avoir réellement conscience (affaire Ilan
Halimi en 2006, par exemple).

Là encore, les enseignants sont en première
ligne, livrés à eux-mêmes pour « gérer » ces violences, comme on le dit pudiquement à l'Éducation nationale. Et lorsque l'un d'entre eux est
blessé, parfois mortellement par un élève, on
sous-entend très souvent qu'« il ou elle n'a pas
su gérer l'agressivité ou la violence d'un jeune » ;
de là à considérer que l'enseignant est responsa-

ble de l'agression qu'il a subie, il y a un pas qui sera probablement bientôt franchi.

Valoriser la liberté à ce point dans les comportements est la conséquence logique, on le voit, du refus de la contrainte du collectif et de son corollaire, la maîtrise de soi, véritable colonne vertébrale de la civilité.

Ce qui fait dire à Muchembled, historien, rappelons-le, que la contre-culture de banlieue qui se développe depuis maintenant trente ans reprend tous les ingrédients de la culture masculine… du début du XVIIe siècle ! Virilité, agressivité et violence sont la caractéristique du mâle dominant qui cherche à briller aux yeux de ses pairs… et des femmes !

Mais la réapparition de la loi du plus fort ne fait pas seulement du tort aux libertés individuelles : elle met aussi à mal le principe d'égalité entre les citoyens, et de fraternité (de solidarité, dans un langage plus contemporain).

Si nos démocraties se sont construites d'abord sur la notion de liberté, elles ont très vite lié la liberté à l'égalité. Alexis de Tocqueville (*De la démocratie en Amérique*, 1835-1840) insiste sur la « passion pour l'égalité » qu'il observe chez les Américains. En effet, les citoyens sont désormais égaux devant la loi et égaux en droits, droits compris à l'époque comme essentiellement civiques ou politiques.

Mais très vite, et notamment sous l'impulsion du mouvement ouvrier, les régimes se revendiquant de la démocratie ont été confrontés au lourd problème des inégalités économiques et sociales, ce qui va les amener à développer une autre catégorie de droits : les droits sociaux.

Comment prétendre que l'égalité est réelle lorsque des populations entières croupissent dans la misère et n'ont même pas le niveau d'instruction élémentaire pour lire un programme électoral et voter en conséquence ? Robert Castel (*Les Métamorphoses de la question sociale*, 1995) résume cette interrogation en expliquant l'émergence de la question sociale au XIXe siècle : elle serait le produit d'un décalage entre l'égalité formelle des droits civiques et la réalité d'inégalités sociales et économiques rendant impossible pour bon nombre de populations l'exercice effectif de la citoyenneté.

C'est dans ce contexte qu'est née la notion de droits sociaux : la démocratie ne peut être effective que si tous les citoyens bénéficient de droits sociaux, leur garantissant des conditions de vie compatibles avec l'exercice de la liberté et de la citoyenneté.

D'où la création en 1882 d'une école gratuite, laïque et obligatoire, pour rendre accessible la pratique effective du vote (en apportant les savoir-faire fondamentaux comme lire, écrire et compter, une culture générale et une civilisation des comportements amenant chacun à la dignité de citoyen), mais aussi pour rendre possible une meilleure maîtrise de son destin.

D'où la création de la Sécurité sociale en 1945 pour supprimer les risques principaux de basculement dans la misère que sont la maladie, la vieillesse, la famille nombreuse ou le chômage.

L'ensemble étant financé par des prélèvements obligatoires, impôts et cotisations sociales, qui témoignent de la solidarité nationale.

Et ce sont ces droits, issus de la loi, qui limitent en permanence le pouvoir du plus fort pour attribuer au plus faible un droit similaire, ou équivalent : c'est manifeste dans le droit du travail, qui repose sur les obligations réciproques des employeurs et de leurs salariés, tendant à réduire au maximum les abus possibles de l'employeur qui est en position de force dans la relation salarié-employeur.

Or les incivilités mettent définitivement à mal cette notion d'égalité : doubler tout le monde dans la queue du cinéma sous menace de violence physique, c'est se donner un avantage définitif sur les autres, ce qui est le contraire de l'égalité.

Et ce type de violence est courant dans les établissements scolaires.

Je me rappelle ainsi une classe de première avec laquelle j'avais cours à 13 h 15, juste après le déjeuner donc. Certains élèves arrivaient systématiquement en retard. Or c'étaient des jeunes qui par ailleurs ne posaient aucun problème particulier ; je m'en étonnais : leur réponse était invariablement qu'il y avait trop de queue au self.

Au bout d'un moment, un peu excédée, je leur ai fait remarquer que leurs camarades arrivaient bien, eux, à se débrouiller pour être à l'heure. Les deux élèves en cause ce jour-là ont rougi, ont bafouillé, et étaient manifestement très mal à l'aise. Surprise, je n'ai pas insisté mais je m'en suis ouverte à la CPE : elle m'a confirmé qu'il y avait bien un peu d'encombrement ce jour-là au self et qu'ils n'arrivaient pas à régler le problème.

Puis, un jour, j'ai surpris une jeune fille en train de grignoter un paquet de madeleines sous la table pendant le cours. Elle faisait partie des retardataires habituels. Je n'ai rien dit et l'ai laissée faire, mais je me suis arrangée pour la retenir à la fin du cours : elle m'a avoué qu'elle n'avait pas eu le temps de déjeuner du tout et qu'elle était morte de faim, ajoutant : « Mais ce n'est vraiment pas grave du tout, madame. »

À partir de là, la CPE, alertée à nouveau par moi, a fait sa petite enquête : elle s'est rendu

compte que certains élèves faisaient la loi dans
la queue au self, avec la complicité d'un surveillant ! Quand les classes se pressaient à l'entrée
du self, le surveillant faisait passer en priorité
les petits caïds, toujours les mêmes, qui mena-
çaient de représailles quiconque leur résisterait,
et les autres étaient condamnés à passer toujours
les derniers, voire à se priver de déjeuner quand
la queue était trop longue. Pire, les meneurs
s'arrangeaient pour ralentir le service en faisant
toutes sortes d'histoires sur ce qu'on leur servait,
en bavardant entre eux le plateau à la main au
beau milieu de la chaîne de restauration. Quant
aux représailles, il y en avait de toutes sortes :
racket de téléphone portable, ou de chaussures
Converse, trousses, manuels dérobés pour faire
sanctionner leurs camarades, tout était bon pour
imposer leur loi au détriment des autres.

Où sont la justice et l'égalité dans de tels comportements ? Sans compter que les parents des
élèves victimes continuaient de payer les repas
de leurs enfants dont ceux-ci devaient se passer
une fois sur deux.

On peut multiplier les exemples : car se garer
sur une place de parking réservée aux handicapés,
c'est aussi entraver l'égalité : dans un souci d'égalité, on conçoit une telle place pour permettre aux handicapés d'avoir accès à des services
importants (commerces, pharmacies, écoles…)

dans des conditions aussi proches que possible de celles des bien portants. Ne pas respecter cette place, c'est rendre à nouveau l'accès plus difficile à ces services, c'est donc réintroduire, par le coup de force en plus, l'inégalité.

Enfin, se conduire de façon incivile écorne le dernier principe sur lequel repose notre démocratie : la fraternité, c'est-à-dire la solidarité. En réintroduisant la peur dans les rapports sociaux, les incivilités mettent à mal le lien social.

Si la solidarité peut se définir comme un sentiment d'appartenance commun aux membres d'un même groupe qui motive une assistance en cas de difficulté de l'un des membres, il est évident que l'incivilité dilue ce sentiment d'appartenance commune et provoque des comportements de repli sur soi très importants.

Indifférence et/ou fuite en cas d'agression d'une personne dans la rue ou les transports en commun, refus d'ouvrir sa porte à un enfant blessé par d'autres, etc., témoignent du développement de comportements permanents de non-assistance à personne en danger, compréhensibles car désormais l'autre fait d'abord peur, mais très dommageables en termes de solidarité.

Une mère d'élève avec laquelle je m'entretenais de ce genre de problème m'a raconté une histoire édifiante à ce sujet : elle avait une fille cadette en CE2, Élise, scolarisée dans une école primaire de leur quartier. La petite était manifestement en butte aux tracasseries de ses camarades et mal à son aise dans cette classe.

Un jour, une camarade tombe dans la cour de récréation juste devant elle, et se fait assez mal. Élise l'aide à se relever, va mouiller ses kleenex aux toilettes pour soigner son écorchure, lui donne un bonbon qu'elle avait dans sa poche pour la consoler.

L'autre se remet, recommence à jouer avec d'autres, et deux minutes plus tard, passant devant Élise, lui fait un méchant croche-patte : Élise tombe, se fait mal à son tour : mais elle, personne ne l'aide à se relever et toute un bande se moque d'elle, y compris la petite camarade qui lui a fait ce méchant tour ; il y a même un garçon qui lui donne un coup de pied dans le ventre.

Face à des incidents à répétition de ce genre, les parents, n'obtenant aucune écoute de la part de l'institutrice de leur fille, demandent un entretien à la directrice. Pour bien lui faire comprendre le problème, ils racontent cet incident-là ; réponse de la directrice : un haussement d'épaules et un « Élise, c'est un gros bébé, elle n'a qu'à savoir se défendre », qui a laissé les parents sidérés. Ils ont fini par changer leur fille d'école et leur enfant a pu s'épanouir dans un autre contexte.

Quelle leçon un enfant peut-il tirer de telles expériences ? On lui a appris à se porter au secours des autres, donc à faire preuve de solidarité, ce qui est un acte profondément civil. Mais ses actes le font mal voir de ses camarades : il finira par ne plus faire attention à ce qui peut arriver autour de lui et à se mettre prudemment en retrait dans ce genre de situations. Pire, cet enfant en viendra à considérer l'autre comme une menace pour lui-même, ce qui le renforcera dans l'idée de ne jamais s'interposer et de fuir en cas de problème. Le résultat pour la collectivité ? La multiplication de comportements de retrait aboutit à une non-assistance à personne en danger généralisée dans nos sociétés, et pourtant sanctionnée par le Code civil. La directrice de cette école n'en avait manifestement pas conscience en se moquant de cette petite élève, aussi étonnant que cela puisse paraître.

Quant à la camarade qui a provoqué l'incident, elle n'aura aucune sanction pour sa méchanceté et recommencera à empoisonner la vie des autres à la première occasion.

Au bout du compte, on comprend ici à quel point la montée des incivilités, c'est-à-dire le manque de bonnes manières à l'égard des autres, met en danger les fondements mêmes de nos démocraties. Les laisser se développer revient à accepter le retour à une société violente, où l'on se fait justice soi-même, dans un rapport de forces permanent où les plus faibles sont littéralement à la merci des plus forts ; à rebours du processus de civilisation que décrit Elias et de l'élévation du niveau de mœurs qui le caractérisait.

> *Entre le fort et le faible,*
> *C'est la liberté qui opprime*
> *Et la loi qui affranchit,*

disait Henri Lacordaire (1802-1861), député à l'Assemblée constituante de 1848, membre de l'Académie française et grand libéral... bien que moine !

Une société où se développe une identité réfractaire à la notion de droits et de devoirs serait donc réfractaire à l'idée même de citoyenneté et donc de république, particulièrement chez les plus jeunes (Roché, « *La Société incivile*, 1996). Identité déjà largement à l'œuvre dans nos banlieues, et qui menace de contagion bon nombre de populations, comme en témoignent à la fois la multiplication d'incidents de « légitime défense » (le boulanger qui tue au fusil de chasse le jeune qui vient le cambrioler pour la dixième fois) et l'abstention massive aux élec-

L'affaiblissement de la civilité : les conséquences

tions qui caractérise aujourd'hui les quartiers populaires.

La deuxième conséquence de l'affaiblissement de la civilité, c'est le développement du « tout répressif ».

Débordés par l'état d'urgence qui règne dans certains quartiers, partis de gauche et de droite rivalisent dans les solutions proposées, tout en campant sur des caricatures bien ancrées : à la droite la politique de répression dans une surenchère mortifère avec l'extrême-droite, à la gauche la politique de prévention. « Tout répressif », « tolérance zéro », les slogans fleurissent pour qualifier des politiques qui tentent de sanctionner les incivilités. Mais la plupart des analyses engagées font fausse route en opposant répression et prévention.

En effet, la sociologie, dans son effort pour comprendre les mécanismes à l'œuvre dans nos sociétés, considère que tout individu a une dimension collective, puisqu'il s'inscrit dans une collectivité. Pour bien vivre en société, il faut qu'il « intériorise les valeurs et les normes de cette société » : c'est tout l'enjeu de la socialisation d'un enfant, gage de bonne intégration future. Précisons ici que les valeurs et les normes dont il s'agit incluent bien évidemment la civilité, fondatrice de nos sociétés modernes.

Or la société dispose de moyens pour obtenir de ses membres des comportements conformes à ses valeurs et à ses normes : c'est le contrôle social, lequel revêt trois formes différentes.

La première forme de contrôle social est l'intériorisation des valeurs et des normes : elle nécessite un apprentissage précoce de ces valeurs et normes, assorti de sanctions adéquates en cas de transgression. L'adolescent aura tendance à les enfreindre pour s'en affranchir, jusqu'à ce qu'il en comprenne le bien-fondé, à savoir qu'elles sont la condition de la vie en société : je vais respecter le code de la route, non par peur du gendarme mais parce que c'est le moyen de préserver ma vie et celle des autres. À ce moment-là, il s'approprie ces normes et ses valeurs, il les fait siennes. Et les pratique sans que la société ait besoin de le contraindre. Il se contraint lui-même, se contrôle (nous voilà revenus au contrôle de soi) parce qu'il reconnaît la légitimité de ces valeurs et de ces normes.

La deuxième forme de contrôle est la pression sociale proche : l'enfant, l'adolescent, l'adulte va se conformer aux comportements que l'on attend de lui pour ne pas encourir de sanction de proches dont il tient à garder l'estime. Dans ce cas, il va se conformer pour préserver son image de lui-même, mais sans s'approprier réellement ces valeurs et ces normes. S'il change d'environnement, par exemple lors d'un séjour à l'étranger, loin du regard de ces proches qui comptent pour lui, il peut se mettre à enfreindre ces règles.

Troisième forme de contrôle social : la pression sociale extérieure. C'est celle exercée par les institutions (école, police, justice, etc.), qualifiée de « peur du gendarme » : l'individu se conforme à ce que l'on attend de lui par peur de la sanction, amendes, peines de prison, etc.

Or, dans une société où l'éducation va valoriser l'individu sur le collectif, la liberté au détriment de la contrainte et le refus du jugement social, les individus sont de plus en plus nombreux à contester la loi, qu'ils considèrent comme une entrave insupportable à leur liberté, comme on l'a vu.

Mais cette attitude, grande pourvoyeuse d'incivilités en tout genre, débouche immanquablement sur le tout répressif. Les individus ne se conforment que si les institutions les sanctionnent, puisqu'ils n'ont pas intériorisé les valeurs et les normes, c'est-à-dire qu'ils ne se sont pas approprié les valeurs de liberté, égalité et solidarité indispensables à nos sociétés et à nos démocraties. S'il n'y a pas sanction, ces individus produiront sans cesse des écarts à la norme.

La seule façon alors d'obtenir une conformité

est la sanction impitoyable des institutions. C'est un véritable piège pour tout gouvernement : car laisser se développer les incivilités met en danger les fondements de nos sociétés et bon nombre de populations fragiles, mais les sanctionner fait passer ceux qui en prennent la décision pour des tenants du tout répressif. Or moins il y a d'individus qui ont intériorisé les normes et qui s'y conforment par intelligence et maturité, plus les institutions doivent sanctionner et sortir l'arsenal répressif pour obtenir le respect des lois.

Si la prévention s'avère indispensable, la sanction est inévitable pour rendre visible et crédible l'autorité.

Là encore, les enseignants sont en première ligne au quotidien, confrontés en permanence à ce dilemme.

Que faire lorsque, en tant que professeur, on est confronté à une classe qui semble méconnaître totalement les règles de base de la scolarité : arriver à l'heure, avoir son matériel pour travailler (notamment le manuel payé par le contribuable), accepter de prendre des notes en cours (au lieu de dormir, d'écouter de la musique sur son iPod, d'envoyer des SMS aux copains), effectuer les évaluations, apprendre ses leçons ? Nos concitoyens se rendent-ils compte à quel point les jeunes d'aujourd'hui contestent avec acharnement ces règles ? Quel est le rôle de l'adulte dans ce cas-là ? Les laisser dans ce refus du travail et de la règle, qui les conduit droit à l'échec au bac et/ou dans le supérieur ?

Personnellement, après des années d'atermoiements à ce sujet, la moutarde a fini par me monter au nez ; une année, à la rentrée, j'ai tenté une incroyable expérience avec une classe de terminale : à rebours de toutes les consignes pédagogiques, j'ai dicté dès la première heure de cours un ensemble de consignes appelées « SES, mode d'emploi », où j'expliquais aux élèves ce que j'attendais d'eux très précisément, à savoir assiduité, ponctualité, travail personnel (apprendre ses leçons et effectuer les travaux demandés), en détaillant étape par étape ce que j'appelais apprendre une leçon (relire son cours, repérer ce qu'on n'a pas compris, agir, mémoriser les éléments principaux comme les dates, les chiffres, les raisonnements, les exemples) ; j'ai conclu cette présentation par une rubrique « sanction » pour tout manquement à ces consignes et pour toute tentative de tricherie en interrogation ou contrôle.

Et j'ai exigé qu'ils signent cette feuille de consignes, qu'ils la fassent signer par leurs parents et qu'ils la collent dans leur classeur de cours pour l'avoir en permanence sous les yeux… ce que j'ai vérifié bien entendu.

J'ai imposé également un plan de classe de façon qu'ils ne puissent s'asseoir à côté de leur meilleur copain pour éviter les bavardages et les dissipations.

J'ai ensuite introduit des interrogations-surprises de connaissances (la pire des « vacheries » que puisse faire un professeur aujourd'hui à ses élèves), j'ai imposé la méthode des fiches à rédiger sur chaque cours, fiches contrôlées à tous les cours avec un zéro à la clé pour ceux qui ne faisaient pas le travail ; j'ai également monopolisé les pages « correspondance avec les parents » des carnets de liaison des élèves, en y consignant scrupuleusement tous les petits écarts de ces jeunes gens, comme : « Matteo a oublié son manuel de SES pour la deuxième fois en une semaine », « Hafida n'a pas cessé de bavarder pendant le cours », « Daphné a passé l'heure de SES à se maquiller », Ewin a crayonné son bureau au stylo bic, c'est inadmissible », « Hector a osé me répondre "N'importe quoi" quand je lui ai rendu sa copie avec un 5/20 », « Houssam n'a pas copié un seul mot du corrigé du devoir où il a eu 7/20, je ne vois pas comment il pourrait progresser dans ces conditions », etc.

Enfin, je m'étais armée d'un copieux « Cahier du professeur », dans lequel j'ai consigné avec le plus grand soin tous les manquements aux règles de chacun des élèves, les mots à faire signer sur les carnets de liaison, et j'ai commencé tous mes cours par : « Machin et machin, apportez-moi vos carnets signés. »

Rappelons qu'il s'agissait d'une classe de terminale.

Aux vacances de la Toussaint, après six semaines à ce rythme, j'ai demandé des rendez-vous à tous les parents dont les élèves posaient problème, le but étant de faire le point : certains sont arrivés très contents de mes méthodes, de l'information précieuse que leur fournissaient les mots dans le carnet de liaison sur l'attitude de leur enfant en classe, et de la rigueur que j'essayais ainsi d'inculquer à leurs ados. D'autres, au contraire, arrivaient très remontés : avec ceux-là, je ne me suis pas battue, je me suis contentée de leur donner une copie de tous les devoirs qu'avaient faits leurs enfants au cours de la période, de leur lire tous les mots mis dans le carnet au sujet de tous leurs manquements, et de leur expliquer que je ne savais pas faire réussir un jeune dans ces conditions. En conséquence, je leur ai simplement demandé de m'écrire noir sur blanc sur une feuille de papier qu'ils ne voulaient pas que leurs enfants soient sanctionnés quand ils n'avaient pas fait leur travail, quand ils arrivaient en retard en cours, quand ils n'avaient pas leur matériel, quand ils trichaient pendant les devoirs sur table. Objectif clairement explicité à ces parents : qu'on ne me rende pas seule responsable de l'échec de leur enfant au bac.

Curieusement, aucun d'entre eux n'a voulu produire un tel document : les aurais-je innocemment piégés dans une certaine mauvaise foi inavouée ? Je me le demande encore aujourd'hui...

Le résultat a été stupéfiant : à savoir que mes grands jeunes gens, suffoqués par tant de détermination et de contrainte, ont fini bon gré mal gré par se plier à mes exigences insensées, dignes d'un cours élémentaire. Je crois que j'aurais même pu réutiliser la méthode des bons points. Je ne suis pas allée jusque-là, mais je me suis fendue d'une boîte de chocolats pour eux à la veille des vacances de Noël, assortie d'un petit discours : « Je me donne beaucoup de mal pour vous, j'espère que vous vous en rendez compte, parce que... quel boulot vous me donnez ! » Cela a achevé de les conquérir (« Mince, la prof a un petit cœur tendre qui bat pour nous ! »), au point qu'au retour des vacances, le vendredi de la première semaine, un murmure a couru dans la classe : « Madame, vous avez oublié de vérifier les fiches cette semaine ! » J'ai failli mourir de rire étouffé, mais je me suis exécutée, la mine sévère, en méditant sur les talents de comédien que demande ce sacré métier.

Conclusion : il a fallu en passer par la répression féroce pour obtenir un retour à des comportements dignes d'une classe de terminale ; par ailleurs, je me suis rendu compte qu'en explicitant très clairement dès la première heure de cours mes exigences et les sanctions qui tomberaient en cas de tout manquement, je rendais visible la règle et je la légitimais par la perspective d'une meilleure réussite, ce qui coupait court à beaucoup de comportements limites, qui sont usants pour le professeur ; enfin, j'ai aussi compris que les élèves percevaient plus ou moins confusément l'engagement important que représentait pour moi cette attention sans faille à leur travail, à leur progrès, à leur motivation, à leur assiduité : ils m'en sont globalement reconnaissants, c'est certain, et la plupart des parents aussi.

Faut-il se réjouir ou se lamenter d'être obligé d'en passer par là pour faire travailler et réussir une classe de terminale ? Si l'on raisonne à l'aune du vécu scolaire des générations qui ont passé leur bac avant les années 1990, c'est évidemment stupéfiant, et nous n'aurions pas supporté d'être traités ainsi. Au regard de ce que sont les élèves aujourd'hui, je conclus de leur réaction, après plusieurs années d'application de cette méthode, qu'ils ont au contraire besoin d'être contraints de cette façon. J'ai le sentiment qu'il y a un côté rassurant pour eux dans cette visibilité des règles. Chez certains, je sens même un certain soulagement, soit d'être pris en charge de cette façon, soit d'être valorisés dans la régularité de leurs efforts et de leur travail...

Et, pour tout dire, je ne me pose plus vraiment cette question, qui m'a préoccupée pendant des années ; car depuis que j'enseigne avec ces méthodes totalement hétérodoxes, j'ai la paix pendant mes cours, les élèves travaillent, s'intéressent, ont leur bac dans leur grande majorité, et, moi, j'ai retrouvé un peu de sérénité dans mes rapports avec eux : je ne m'épuise plus en négociation sur les notes, en argumentations sur l'importance de travailler tombant dans le vide sidéral de l'indifférence standard d'une classe, en états d'âme sur l'occasion ou non de sanctionner. Je suis impitoyable jusqu'à la Toussaint, j'encaisse les réactions des parents en explicitant mon engagement et en les impliquant dans la méthode, et, quand tous les élèves ont enfin compris qu'ils n'avaient pas le choix, en général à la fin du premier trimestre, je lève très progressivement la pression sans qu'ils s'en rendent compte, de sorte que la plupart d'entre eux finissent par travailler, pour eux enfin, et non plus pour échapper au rouleau compresseur de mes impitoyables sanctions.

Et la boîte de chocolats est un rituel auquel je ne déroge plus et qui met le liant nécessaire dans nos relations.

Cette expérience me rend aujourd'hui perplexe sur les discours qui pourfendent le tout répressif : rendre visible la règle et l'appliquer en cas de manquement me paraît incontournable pour l'harmonie des relations sociales. À condition que celui qui s'y conforme en tire un bénéfice personnel, comprenant qu'il est plus intéressant pour lui et la collectivité de se plier à la loi plutôt que de la contester sans arrêt. Bref, il faut qu'il y ait une boîte de chocolats quelque part qui fasse grandir...

Il me semble que c'est ce qu'a réussi à faire la sécurité routière avec le système des retraits de points de permis (la sanction), l'obligation de stages de conduite (la règle explicitée) et la restitution de points (la récompense).

La dernière conséquence, et non des moindres, de la perte de la civilité, c'est le repli identitaire et la fragmentation de nos sociétés.

On l'a vu, pris dans la tourmente des années 1960, le savoir-vivre, et la civilité dans son sillage, perçu comme la marque d'un capital culturel discriminant les individus, a fait l'objet d'une forte remise en cause au profit du naturel, du spontané et du refus des contraintes. Cette contestation a débouché notamment sur une profonde tolérance à l'égard de tout type de comportement et sur le refus du jugement social.

Or cette évolution est allée de pair avec une immigration importante ; la tolérance avait donc l'avantage de permettre l'émergence d'un modèle multiculturaliste, où cohabiteraient plusieurs systèmes de valeurs et de normes pouvant même se féconder les uns les autres.

Cette vision semble avoir oublié les enseignements premiers des sciences sociales, que rappelle Dominique Picard (*Les Rituels de savoir-vivre*, 1995), à savoir que les relations sociales sont « ponctuées par des manifestations conventionnelles, que l'on peut appeler des rituels ». « La ritualité n'est pas simplement une des dimensions de la vie collective, mais une des bases essentielles sur laquelle se fondent les rapports sociaux. »

En réalité, la vie en société exige une forme ou une autre de codification des rapports sociaux pour permettre l'interaction sociale (Goffman, 1974). Croire que l'on peut s'affranchir de ces rituels, c'est oublier que l'homme n'est pas seulement un individu, mais aussi un être social.

Picard insiste sur l'aspect quotidien des rituels sociaux, qui nécessitent un apprentissage dès l'enfance pour accéder à ce langage commun : on parle en réalité simplement des usages incarnés dans les règles de civilité. Ils concernent en effet tous les aspects de la vie quotidienne : de la présentation de soi en entretien d'embauche à l'interaction avec le commerçant du quartier où l'on vit, ou à la réunion entre amis, toutes nos façons d'être se déroulent sous le regard des autres. Si l'on veut que toutes ces interactions sociales se déploient de façon harmonieuse afin de produire un cadre de vie agréable et paisible, il est nécessaire que chacun sache se conduire en fonction d'un code commun. Ce qui implique que chacun ait reçu ce bagage dans son éducation...

Vouloir cette harmonie n'est pas une option facultative : car ce qui est en jeu, c'est la rencontre sociale, inévitable pour tout individu, qu'il le souhaite ou non, comme le montrent les exemples cités plus haut. Ce qui signifie que la civilité est un mode de régulation fondamental de la vie sociale dont on ne peut se passer dans une société démocratique. « Et imaginer des relations sans politesse, c'est un peu croire qu'une langue peut se passer de grammaire. » (Picard)

Cela nous ramène aux analyses historiques du savoir-vivre et de la civilité : la codification des rapports sociaux qui accompagne la pacification des mœurs a permis la définition d'un langage commun aux différents groupes sociaux, et la diffusion de ce code a garanti l'unité de la nation.

Dans cette perspective, la contestation de la civilité et du savoir-vivre spécifique à nos sociétés a supprimé en grande partie ce langage commun, créant un vide important pour les nouvelles générations. C'est toute une transmission qui s'est interrompue, projetant les individus dans un vide social, armés pour seul repère… d'eux-mêmes ! Ni l'école ni la famille ne transmettent plus ces codes parce que leur mission n'est plus clairement définie, parce que l'on n'a pas rem-placé les anciens codes par de nouveaux aussi structurants, parce que l'impératif de tolérance interdit de rendre visibles ces codes et de juger ceux qui les enfreignent…

Livrés à eux-mêmes, nombre d'individus n'agis-sent qu'en fonction de leurs besoins propres, de leurs désirs, voire de leurs pulsions ; ce faisant, ils n'ont pas conscience de l'autre, de ses besoins, de ses désirs, et ne disposent même plus du langage qui leur permettrait de décoder les signaux que leur envoient ces fameux *autres*. En clair, les indi-vidus ainsi formés sont plus ou moins inaptes à la civilité, donc à la vie en société, ce qui génère tous les comportements de violence que l'on connaît.

C'est une expérience que j'ai faite deux ou trois ans après avoir commencé à enseigner qui m'a conduite à formuler cette réalité-là – celle d'individus n'ayant pour seule référence qu'eux-mêmes –, réalité si difficile à imaginer pour quiconque se soumet sans y penser aux règles de civilité...

J'avais cette année-là, en seconde, un élève redoublant. La moindre remarque du type : « Rémi, pourriez-vous vous taire, s'il vous plaît ? » le mettait hors de lui. Je manquais alors d'expérience et ne savais que faire pour arrêter l'escalade verbale que provoquaient entre nous ses réactions ; car, forcément, je haussais le ton, et son langage dérapait encore plus : il devenait grossier et insultant, ce que je ne pouvais laisser passer. Plusieurs fois, je dus l'exclure pour me sortir de ce mauvais pas.

Au troisième ou quatrième épisode de ce genre, je me résolus à exiger un entretien avec lui en présence de la CPE pour désamorcer une pénible confrontation. Il y mit le maximum de mauvaise volonté et je n'obtins aucun engagement de sa part à se comporter autrement.

Très vite, les incidents se multiplièrent à nouveau. Cette fois-ci, je demandais à rencontrer sa mère, toujours en présence de la CPE. Et, en attendant ce rendez-vous, je m'efforçais de relater scrupuleusement, sous forme de rapports d'incident visés par la vie scolaire, les dérapages de Rémi, en consignant l'élément déclencheur de ses réactions agressives (remarques sur son bavardage, ses oublis de matériel, ou retour d'une interrogation où il avait une mauvaise note), toutes les injures qu'il me lançait, et les sanctions que je demandais.

Lorsque je rencontrai enfin sa mère, elle semblait excédée et, avant même que je prenne la parole, elle me déclara de but en blanc : « Vous détestez mon fils, c'est une honte » ; j'en restai suffoquée, et ce fut la CPE qui s'interposa en expliquant à cette mère que ce n'était pas du tout la question, que j'avais une réputation irréprochable sur ce plan-là, et que son fils posait de toute façon problème dans d'autres cours.

Sur ces entrefaites, Rémi arriva et s'installa sur sa chaise en pestant. Je sortis tous mes rapports d'incident pour poser clairement les termes de l'entrevue. Il se mit à contester avec virulence tout ce que j'avais écrit et sa mère renchérit : « Mais enfin, madame, je ne peux pas croire ce que vous me dites, je ne l'ai pas élevé comme ça. »

Je fermai alors mon dossier, regardai Rémi droit dans les yeux et lui dis d'une seule traite : « Donc, Rémi, d'après vous, je suis une menteuse, moi, Cécile Ernst, quarante ans, mère de trois enfants, diplômée de Sciences-Po, agrégée de sciences sociales, enseignante depuis plusieurs années dans ce lycée ! »

Il y eut trente secondes d'un silence sidéral, la mère avait l'air pétrifiée et Rémi, à ma stupéfaction, se mit à rougir violemment… et fondit en larmes.

Il mit un certain temps à retrouver son calme, et je lui dis alors doucement : « Je suis désolée, je crois que vous ne vous êtes pas bien rendu compte de la portée de vos paroles et de vos actes, mais, concrètement, votre contestation revient à m'accuser de mensonge. Je n'ai aucune animosité à votre égard et j'aimerais, maintenant, que nous construisions une relation plus positive. »

Il acquiesça, se redressa, accepta avec beaucoup de bonne volonté les suggestions de la CPE et les miennes pour comprendre nos exigences en termes de comportement en classe et de travail, et pour s'y soumettre.

Je sortis épuisée de cet entretien, car ce n'était qu'au prix d'un violent effort sur moi-même que j'avais réussi à garder mon calme face à la mauvaise foi de ce garçon et à l'agressivité de sa mère. Mais ce fut un effort payant, car je n'eus plus aucun problème avec lui au cours de l'année et le reste de sa scolarité se déroula sans encombre.

Je méditais cependant longuement sa réaction face à mes propos. Car c'est une curieuse expérience que de voir un garçon de seize ans fondre en larmes comme un enfant de cinq ans. Je compris qu'en réalité, mis face à la conséquence, brutale tout de même pour moi, de ses comportements, il m'avait tout d'un coup perçue comme une personne réelle ayant des sentiments, bien loin du personnage abstrait du prof désincarné ; ce qui lui avait fait prendre conscience soudain de l'énormité de ses propos : il n'avait plus alors trouvé d'autre issue que les larmes, comme l'enfant qui a cru dur comme fer qu'il pourrait voler dans les airs en s'attachant une paire d'ailes dans le dos et chute lourdement sur le sol.

Sauf que la réalité ici, ce n'était pas les lois de la pesanteur, mais c'était un autre être de chair et de sang.

En observant d'autres situations de ce genre (je repensai à l'incident du RER), j'en vins peu à peu à formuler cette idée, à savoir qu'un nombre important d'individus sont dans le déni total à la fois de l'altérité (altérité rendue de plus en plus virtuelle par Internet qui plus est) et du collectif, n'agissant qu'en fonction d'eux car ils n'ont d'autre référence en matière de comportements qu'eux-mêmes, tant les codes sont peu visibles aussi bien à l'école que dans certaines familles, dans la rue, etc. Et cette absence, cette non-visibilité de l'autre, crée un vide social vertigineux, rendant les individus inaptes à l'interaction sociale.

Alors, pour conjurer ce vide social angoissant, certaines populations, notamment les plus fragiles, n'ont eu d'autre choix que de se replier sur leur identité d'origine.

On peut ainsi expliquer la montée de la xénophobie dans les milieux populaires, marqués par une forte demande de retour à l'ordre, de nostalgie de l'après-guerre, qui ont fait les succès électoraux du Front national depuis les années 1980. Encore empreints malgré eux de la civilité héritée de la IIIᵉ République, nombre d'entre eux rejettent le nouveau modèle d'émancipation de l'individu et les comportements qui les accompagnent, et versent facilement dans le racisme ordinaire ou l'anti-jeunisme.

À l'opposé, les populations issues de l'immigration, confrontées à une forte invisibilité des codes sociaux de la société d'accueil, se sont repliées sur leur culture d'origine, qui offrait, elle, une ritualité clairement affichée : ce qui se fait, ce qui ne se fait pas, la figure forte de l'autorité masculine dans la famille, les rituels de politesse, etc.

Dès lors, la société occidentale est perçue comme dangereuse, car trop « permissive » et peu lisible. Ceci explique en partie le retour aux pratiques religieuses traditionnelles, avec par exemple l'emblématique port du voile pour les musulmanes, faute d'un modèle de société structurant autre que celui de la société d'origine. Des populations qui se tiennent de plus en plus à distance, au point de ne même pas apprendre le français. .

Pour d'autres, confrontés à l'éclatement de la famille, le refuge va se trouver dans la « bande », qui se traduit par un retour de rituels axés sur la violence et une virilité agressive. En même temps, la bande représente un formidable pôle intégrateur, avec ses règles précises, ses hiérarchies établies, ses comportements explicites, un microcosme rassurant dans un monde sans repères.

Ces populations sont en plus très éloignées des classes moyennes et intellectuelles qui ont porté le nouveau modèle de l'individualisme, prônant l'ouverture et la tolérance, l'aplatissement des hiérarchies, le refus de la contrainte, voire l'éclatement de la famille, perçue comme une institution aliénante, en particulier pour les femmes.

Et cette configuration, loin de mener à un multiculturalisme assumé, a plutôt conduit à une fragmentation de la société. Car d'un côté, les phénomènes de bande attisent les incivilités, incontournable rituel d'intégration. Ils alimentent dans le même temps le rejet du reste de la société et la xénophobie. Et le repli identitaire met à mal la conception même d'une intégration à la nation.

Cela crée une situation « où la nation n'arrive plus à assimiler les différences pour construire une communauté forte et soudée » (Muchembled), ni même une identité commune : c'est tout le modèle d'intégration à la française qui vacille dans cette situation. Fondé sur la distinction entre la sphère privée – celle des particularismes culturels, religieux, régionaux et autres – et la sphère publique – celle de la citoyenneté où l'égalité des citoyens est affirmée et où s'exercent les droits et les devoirs des uns et des autres –, ce modèle a de plus en plus de mal à fonctionner. Car de plus en plus d'individus refusent cette distinction pour des motifs religieux par exemple, d'autres brocardent la citoyenneté comme un relent de patriotisme nauséabond, d'autres encore ne voient pas l'intérêt d'exercer leurs droits civiques (abstention massive).

Fragmentation qui se lit également dans l'espace et la géographie : on sait qu'il y a un phénomène de « ghettoïsation » à l'œuvre dans nos banlieues, bien qu'il soit moins accentué que dans certains grands autres pays occidentaux grâce à une politique active des sociétés de logement social (mixité des origines ethniques au sein d'un même immeuble, imposée par leur cahier des charges par exemple), ce qui n'empêche pas la relégation et la stigmatisation des populations vivant dans certaines zones. À l'autre bout de la chaîne se développent les résidences pavillonnaires closes avec gardiennage, portail électrique et digicode d'accès pour les classes moyennes et supérieures, qui cherchent à se protéger justement de l'incivilité et de la menace qu'elle fait peser sur leur vie quotidienne, et encore plus sur celle de leurs enfants.

La seule institution qui pourrait encore transmettre un langage et une identité commune, l'école, est elle-même en crise. Avec pour conséquence le phénomène suivant : les populations, même les plus fragilisées, malgré les difficultés financières, n'hésitent plus à scolariser leurs enfants ailleurs que dans les écoles de la République ! L'enseignement privé est en plein essor en France aujourd'hui, comme l'explique Bernard Toulemonde, inspecteur général de l'Éducation nationale (*Les Nouveaux Enseignements confessionnels, le système éducatif en France*, 2009).

Ainsi, dans la communauté juive, trente mille enfants sont scolarisés dans des écoles privées de confession juive, comme l'école Beth Hannah dans le 19e arrondissement de Paris (mille huit cents élèves, de la maternelle au bac). Soit un tiers des enfants de la communauté juive en

France (les effectifs ont doublé entre 1998 et 2005), un autre tiers étant scolarisé dans des établissements privés catholiques. Un tiers donc seulement des enfants de famille juive est scolarisé dans l'enseignement public...

De même, les écoles de confession musulmane se multiplient, malgré des effectifs encore modestes.

Quant à l'enseignement privé catholique, il est submergé par les demandes des familles. Au total, l'enseignement privé scolarise 17 % des enfants en France, mais en tout 40 % des enfants feront un passage dans cet enseignement privé à un moment ou à un autre de leur scolarité.

On voit même des familles issues de l'immigration, notamment africaine, renvoyer leurs enfants « au pays » pour y suivre une scolarité jugée plus rigoureuse et encadrée qu'en France ! Un comble pour l'école républicaine française...

C'est un père d'origine camerounaise qui m'a alertée sur ce phénomène : il se désespérait de la dérive de son fils depuis le collège et m'a même dit : « Les Droits de l'homme, ça veut dire qu'on peut faire n'importe quoi, madame ! » Et il m'a expliqué qu'il voyait effectivement de plus en plus de familles faire repartir leurs enfants chez des parents restés au pays pour échapper au collège à la française...

J'ai mené mon enquête et interrogé d'autres personnes originaires du continent africain : toutes m'ont confirmé ce phénomène.

Dans tous les cas, l'objectif est souvent essentiellement éducatif : les familles cherchent un encadrement plus strict pour leurs enfants, des projets éducatifs axés sur le respect d'autrui, appuyés sur des règles et sur des exigences intellectuelles importantes, à contre-courant des normes éducatives d'aujourd'hui.

Cet essor de l'enseignement privé est directement lié à la dégradation de la qualité de l'enseignement public, notamment dans les banlieues, considère Bernard Toulemonde, qui est la conséquence immédiate de la tolérance envers les transgressions adolescentes et la montée des incivilités : en l'absence de normes de comportement clairement définies par la hiérarchie et acceptées des parents, de sanctions incontestables envers les élèves n'ayant pas leur matériel, perturbateurs ou absentéistes, les enseignants ne peuvent imposer une ambiance de travail propice à la réussite.

En difficulté, l'école républicaine participe finalement plus que jamais aux inégalités : en dispensant un enseignement dégradé, elle ne permet plus aux plus modestes d'accéder à la promotion sociale ni d'assimiler les codes sociaux plus ou moins explicites qui sont encore reconnus par une bonne partie de la population.

En tolérant un enseignement à deux vitesses – il existe toujours des lycées d'excellence qui, compte tenu de leur implantation géographique, sont accessibles essentiellement aux classes supérieures –, elle renforce la ségrégation et la frustration des classes populaires en mal d'ascension sociale.

Ce faisant, elle participe aussi de la fragmentation de la société, si préjudiciable à la démocratie, et laisse se diffuser peu à peu une incompréhension importante entre les différents groupes de la population – au risque d'une incommunicabilité croissante...

Des dysfonctionnements majeurs dans tous les domaines : emploi, environnement, pouvoir

Un effet largement méconnu de cette mise à mal de la civilité se situe en effet au niveau de l'intégration professionnelle, et ce, quel que soit le niveau de formation.

Depuis les années 1970, le premier gisement de création d'emplois est sans conteste le secteur tertiaire, qui occupe aujourd'hui au moins 80 % de la population active : services aux entreprises (activités de conseil, d'audit, de communication, de maintenance informatique, etc.), services à la clientèle (vente, service après-vente, cartes de fidélité, télémarketing, gardiennage, conciergerie...), services de soins (activités paramédicales, comme la kinésithérapie), services hôteliers et de restauration, services à la personne, considérés comme moins qualifiés car ouverts à des actifs à faible diplôme (garde d'enfants, soins aux personnes âgées, activités domestiques...).

Or on sait depuis les années 1980 (mission du ministère du Travail) que l'emploi dans les services, s'il requiert souvent peu de qualifications professionnelles importantes, exige en revanche un bon niveau de ce que l'on avait qualifié à l'époque de « savoir-être » : bonne présentation de soi, niveau de langage correct, politesse et patience à l'égard du client, etc. L'absence de ce « savoir-être » était avancée comme une explication majeure de l'échec de la reconversion professionnelle de nombre d'ouvriers licenciés des activités industrielles sinistrées dans les décennies 1970-1980 : travailleurs issus de la sidérurgie, de la métallurgie, des activités d'extraction notamment, à forte culture ouvrière, valorisant le travail manuel et la force physique. Il était très difficile, voire impossible de les faire évoluer vers des emplois de vendeurs dans le commerce, de serveurs dans la restauration, de portiers dans l'hôtellerie ou d'agents d'accueil en entreprise, qui auraient pourtant pu constituer des débouchés importants pour eux.

On comprend dès lors que la tolérance dont a bénéficié la jeunesse pour ses comportements incivils a non seulement mis a mal le pacte républicain, mais a aussi enfermé ces jeunes dans des attitudes totalement incompatibles avec la recherche d'un emploi et l'intégration dans une entreprise de services, débouché majeur pour ces générations.

Comment réussir un entretien d'embauche pour un emploi dans une grande surface quand on s'y présente en baggie, en roulant des épaules, casquette vissée sur la nuque, en parlant « jeun's » et en « pétant un câble » à la moindre exigence du recruteur sur les horaires de travail ?

Et que penser de l'avenir de certains en lycée professionnel qui partent en stage, et que le professeur est obligé de réveiller tous les matins, à ses frais bien sûr, pour les faire arriver à peu près à l'heure chez leur employeur temporaire ?

Par ailleurs, il faut se garder d'une stigmatisation des populations les moins favorisées sur ces sujets. Ce problème de manque de savoir-être, de savoir-vivre, touche tous les niveaux de qualification y compris les cadres. Si nous ne disposons pas d'études et d'enquêtes sur ces questions, les anecdotes fleurissent dès que l'on aborde ce sujet avec des responsables de ressources humaines en entreprise.

Tel vous racontera l'agacement prodigieux de nombre de collaborateurs, face à de jeunes recrues qui bloquent l'ascenseur menant aux bureaux pour pouvoir continuer à discuter avec le copain du premier étage, totalement inconscients de la queue qui s'allonge dans les autres étages… et de l'effet déplorable pour le client qui venait voir le directeur des ventes du troisième étage.

Tel autre vous décrira sa stupeur, lors d'un déjeuner organisé avec un nouveau client par l'une des jeunes avocates fraîchement embauchée dans son cabinet et bardée de diplômes, lorsqu'il a vu sa jeune collègue s'approprier le menu en premier sans se soucier de son invité, et passer le déjeuner à exiger qu'on lui certifie la qualité bio des produits, tout en râlant sur le contenu de son assiette – oubliant jusqu'à l'existence même du malheureux client.

Et ce directeur d'agence de communication, faisant face à un client hors de lui parce que la prestation fournie n'était pas conforme à ce que lui avait facturé le nouveau chargé d'affaires : l'explication ? Un gros mensonge du jeune homme en question…

La palme revient cependant sans conteste à la correspondance par mail de nombre de ces jeunes gens : un ton de « copain », même pour le super chef du service ou le client qu'on essaie de convaincre, et un niveau d'orthographe tel qu'il faut y passer dix bonnes minutes pour déchiffrer leurs messages.

Bref, de plus en plus d'entreprises découvrent les ravages de l'absence de civilité ou de savoir-vivre chez une bonne partie de leurs nouvelles recrues, quel que soit le niveau de diplômes, et s'inquiètent sérieusement pour leur image de marque auprès de leurs clients, mais aussi des administrations avec lesquelles elles sont amenées à travailler, et de leurs fournisseurs.

Au point qu'elles développent des programmes de coaching en orthographe, et font appel à un nouveau genre de prestataires : les formateurs au savoir-vivre ! Les écoles et les formations fleurissent dans ce créneau qui risque de devenir très lucratif.

On y croise une jeune directrice de la communication, très douée pour créer des événements et dénicher le fournisseur qui en mettra plein les yeux, mais qui n'a pas la moindre idée de la façon dont il faut présenter entre eux ses interlocuteurs et qui accumule les gaffes, une traductrice interprète, que son agence envoie pour qu'elle apprenne à s'habiller pour accompagner les PDG qui font appel à elle, un manager redoutablement efficace dans une entreprise de distribution d'eau, mais qui a des manières de table déplorables, ce qui pose problème dans ses relations avec les représentants de l'État, préfets, directeurs régionaux à l'équipement, tous énarques et abreuvés dès leur scolarité à l'ENA de l'incontournable *Guide du protocole et des usages* du préfet Jacques Gandoin, remis à chaque élève.

Sans compter tous ceux qui ont sérieusement besoin de s'initier à l'art de la conversation et de la convivialité pour rendre agréables et fructueuses ces multiples occasions que provoque la vie professionnelle : déplacements en TGV ou en avion, cocktails, déjeuners d'affaires, etc.

Bref, le manque de « bonnes manières à l'égard d'autrui » ou la méconnaissance des « usages du monde » restent un handicap certain dans de nombreuses carrières, bien que de façon totalement implicite.

Autre conséquence de la remise en cause de la civilité, et non des moindres : nos sociétés ne savent plus penser le collectif, ce qui rend impossible la mutation écologique pourtant indispensable à la survie des générations qui nous suivront.

En effet, le passage à une économie propre nécessite impérativement, de la part des membres de nos communautés, la prise en compte de l'intérêt collectif.

Quand un pic de pollution est atteint, on demande aux automobilistes de réduire leur vitesse sur l'autoroute. L'individu n'a aucun intérêt à se soumettre à cette injonction : il perd du temps.

Pour réduire la consommation des ressources, on demande aux ménages de procéder au tri sélectif de leurs déchets : ils n'ont aucun intérêt à faire cet effort, cela signifie trois fois plus de poubelles dans la cuisine, des allées et venues aux différents points de stockage des déchets particuliers dans leur ville, etc.

On leur demande aussi de faire attention à leur consommation d'eau ; or réduire cette consommation signifie renoncer à un bon bain chaud au profit d'une douche, qui ne procurera jamais le même bien-être.

Les individus n'ont de même aucun intérêt à prendre les transports en commun plutôt que leur voiture : c'est tellement plus commode de ne pas avoir à marcher, à attendre debout, parfois dans la pluie et le froid.

Etc., etc.

On le voit, la modification des comportements nécessaire au passage à une économie propre ne peut se justifier que par la prise en compte de l'intérêt collectif. L'individu va faire l'effort pour améliorer le bien-être global de ses concitoyens et des générations futures, sans aucun bénéfice immédiat pour lui-même.

Au regard du modèle individualiste opposé à la contrainte et à un contrôle de soi jugé excessif, on ne voit vraiment pas comment nos sociétés aujourd'hui peuvent arriver à obtenir un tel effort de leurs membres…

L'exemple du dispositif « Vélib' » à Paris est frappant à cet égard. La mairie de Paris, attachée à faire évoluer les pratiques de transport des Parisiens, souhaitant promouvoir les circulations douces, a mis au point un système très innovant de bornes de vélos en 2007. Succès immédiat, populaire et médiatique : circuler en vélo devient très « tendance » à Paris.

Mais il y a quelques revers à la médaille. D'abord, ce dispositif est extrêmement onéreux. La mairie de Paris, arguant d'un effet de communication attractif pour l'entreprise conceptrice, avait réussi à diminuer le coût de la prestation. Les autres communes devraient débourser des sommes globalement beaucoup plus importantes pour implanter ce dispositif sur leur territoire. Beaucoup d'entre elles risquent d'y renoncer.

Plus grave, le dispositif a du mal à se maintenir à Paris, compte tenu de l'ampleur des dégradations que subit ce matériel chaque année. Vélos désossés, bornes arrachées, vols se sont multipliés, au point que 80 % des vélos en circulation dans l'agglomération ont dû être changés en moins de trois ans. Nos concitoyens incivils se sont littéralement déchaînés contre ce symbole d'un Paris écolo-bobo. Le coût pour la collectivité commence à être exorbitant…

On a là l'illustration parfaite de la difficulté à passer à une logique écologique, qui nécessite civilité, civisme, responsabilité…

On peut faire la même analyse pour le comportement de l'équipe de France lors de la Coupe du monde de football en Afrique du Sud (juin-juillet 2010). Si l'on reprend en substance le contenu des nombreux articles de presse parus à l'époque, les commentateurs qui se sont interrogés sur les raisons de ce fiasco ont tous souligné les dérives d'un football où la « starisation » des joueurs l'emporte sur tout le reste.

Dans *Le Point* du 19-24 juillet 2010, Alain Mercier titre « Bien payés, mal élevés » : pour lui, ce qui a miné l'équipe et, de manière générale, le football aujourd'hui, ce sont les comportements « d'enfants gâtés » des joueurs : véritables idoles des supporters, ceux-ci se conduisent désormais comme des stars avec tout ce que cela comporte de caprices (mot autrefois réservé à l'enfant de deux ans), y compris dans la vie professionnelle puisqu'ils ont critiqué leurs entraîneurs et refusé de se plier à leurs injonctions, d'excès en tout genre, de « frime », d'égocentrisme et j'en passe.

Or un joueur de haut niveau ne fait gagner son équipe qu'en se soumettant à la discipline collective et au travail en commun (les entraînements), qu'en acceptant de ne pas toujours avoir la vedette sur le terrain, qu'en manifestant un minimum de solidarité envers les autres, qu'en acceptant de faire confiance à ceux qui l'entraînent – au prix de moyens financiers colossaux, ne l'oublions pas. Et c'est là que les joueurs ont fortement déçu, sans même se rendre compte de l'impact qu'a eu leur comportement...

De même, dans la revue *France Football* du 20 juillet 2010, M. Crevoisier, psychologue et formateur dans le monde du football depuis des années, titre : « Il faut repenser la formation du footballeur ». Dans les formations, et encore plus dans les sélections jusqu'au plus haut niveau, il préconise de tenir compte de l'éducation des joueurs et de la tester, notamment le sens du collectif, le respect de l'autre, le respect des hiérarchies... Et il affirme qu'une certaine culture générationnelle faite de provocation, de refus de la contrainte et de l'autorité, est totalement incompatible avec une carrière de footballeur de haut niveau !

Et ce qui est vrai pour le football l'est également dans de nombreux autres domaines d'activités.

Depuis la crise de l'automne 2008, n'a-t-on pas vu se multiplier les critiques du management et de la stratégie d'entreprise, uniquement tournés vers le court terme ? Toutes s'appuient sur le constat que les entreprises qui durent dans le temps, qui produisent de la richesse réelle, qui créent des emplois, sont celles qui valorisent le long terme au détriment du profit maximum immédiat, qui ménagent leurs salariés en déployant un management à haute valeur humaine ajoutée, qui investissent dans l'avenir, bref, qui assument leur responsabilité à l'égard des individus et de la collectivité.

De même, dans la recherche scientifique, la figure de l'« inventeur » s'estompe fortement : ce qui permet l'innovation désormais, c'est non seulement le travail en équipe, mais surtout le réseau et l'échange d'informations au sein de ce réseau, ce qui nécessite la coopération – et non la compétition – entre les équipes de chercheurs : c'est bien ce qui a fait la fortune et le succès de la Silicon Valley. Aujourd'hui, l'innovation nécessite même d'aller plus loin dans le coopératif :

c'est la mise en place de « *clusters* » qui fait surgir l'innovation, c'est-à-dire le fait de faire travailler ensemble chercheurs, artistes, intellectuels, managers, etc. Ce sont donc des profils auparavant totalement étrangers les uns aux autres qui coopèrent ; parfois même, les chercheurs sollicitent les consommateurs eux-mêmes pour participer à l'innovation.

Là encore, on ne peut plus jouer « perso », il faut jouer « collectif »… à rebours là aussi de tout ce que transmettent les modes éducatifs prisés de bon nombre de parents contemporains…

De là à en conclure qu'en élevant des jeunes gens dans le refus de la contrainte, du jugement social et de la discipline intellectuelle, on fabrique des générations inaptes à l'emploi de demain, il y a un pas que nous ne franchirons pas, mais qui dessine une problématique à laquelle on devrait peut-être s'intéresser sérieusement.

Parce que l'on a voulu se débarrasser du modèle précédent, jugé vieillot et obsolète, on en a oublié les enseignements fondamentaux qu'il portait.

Or les conséquences de la crise de la civilité ne touchent pas seulement les populations, notamment les plus vulnérables, mais elle contamine jusqu'à l'exercice même du pouvoir, dans la sphère économique et politique.

La crise financière de l'automne 2008, prolongée par la plus grave crise économique qu'aient connue nos économies depuis 1929, a mis en lumière l'incroyable irresponsabilité des dirigeants, notamment les banquiers. Tout se passe comme si partout dans les sphères du pouvoir les dirigeants ne voyaient que leur intérêt personnel sans aucune conscience de leurs responsabilités : on ne compte plus les scandales à répétition de patrons se faisant octroyer des stock options vertigineuses, des parachutes dorés (en cas de licenciements) ou des retraites chapeau sans aucun rapport avec leurs performances réelles.

Et quand il s'est agi de trouver les responsables de la débâcle, plus personne n'était le dirigeant concerné...

Florence Noiville, dans son étonnant petit livre *J'ai fait HEC et je m'en excuse* (2009), revient sur la formation dispensée par les écoles de commerce, à commencer par les plus prestigieuses. Elle décrit une formation axée essentiellement sur les résultats financiers, et qui ne se soucie pas du tout des conséquences d'une culture du « toujours plus de profit », sur le plan social ou écologique. Et se demande comment une société peut laisser autant de jeunes gens brillants s'adonner à des activités aussi nuisibles pour la collectivité que l'ingénierie financière qui nous a conduits à la crise !

Même le milieu associatif ou l'économie sociale n'échappent plus à ce phénomène : n'a-t-on pas vu des responsables d'une respectable ONG voyager systématiquement en première classe en avion, s'offrir des safaris en Afrique et des palaces cinq étoiles ? Ne voit-on pas des dirigeants de sociétés de logement social se faire attribuer comme voiture de fonction une luxueuse Jaguar ?

Sans parler des membres de gouvernement, dont certains ne sont pas en reste dans la multiplication des passe-droits, d'usages abusifs de logements de fonction, de déplacements luxueux... ou de hauts fonctionnaires – comme une certaine préfète qui s'est récemment approprié, fort indélicatement, une partie du mobilier national, propriété de l'État, qui meublait son appartement de fonction...

À chaque découverte de nouveaux abus, les médias hurlent au scandale, et l'homme de la rue suffoque d'indignation.

Mais pourquoi s'étonner de ces dérives ?

N'a-t-on pas appris à se comporter en fonction de nos seuls intérêts dans la famille et à l'école, puisqu'il est de bon ton de toujours enfreindre la loi dès les classes primaires ? Cette loi qui ne sert qu'à brimer notre liberté...

N'a-t-on pas, dès la maternelle, appris à tricher et à mentir en toute impunité (le péché de jeunesse pas bien grave, n'est-ce pas ?), en permanence et presque sans jamais encourir de sanctions ?

Ne nous a-t-on pas enseigné à ne jamais réfréner nos désirs et nos pulsions, que ce soit en matière de gourmandise, de sexualité, ou de mode et autres biens de consommation ? Être tendance, c'est « craquer » sans arrêt, comme nous y incite en permanence la publicité, c'est-à-dire ne pas contrôler nos désirs et nos envies.

Résultat : l'indécence de ceux qui ont le pouvoir. Alain-Gérard Slama (*La Société de l'indifférence*, 2000) analyse ces dérives comme le produit, justement, de l'affaiblissement de la civilité : moins de civilité équivaut à moins de sens des responsabilités, ce qui signifie qu'un décideur ne se sentira plus comptable de ses actes et ne prévoira pas leurs conséquences sur l'opinion. (On se rappellera ici que la IIIe République avait considéré comme indispensables pour le maintien de la démocratie et la formation du citoyen le sens des responsabilités et la maîtrise de soi...)

Est *indécent* ce qui est contraire à l'honnêteté et aux bonnes mœurs, nous apprend le Petit Littré. Mais justement, dans une société qui refuse d'édicter des modèles de comportement, les « bonnes mœurs », plus rien n'est indécent.

Il faut le comprendre, ces pratiques n'ont rien d'étonnant au regard du nouveau modèle d'individu que les années 1970 ont souhaité façonner : un individu libre de toute contrainte, peu concerné par la loi, qui refuse le jugement social (c'est-à-dire qui refuse d'être jugé par les autres sur des critères qu'il ne considère pas valables), et qui ne se sent aucune responsabilité vis-à-vis des autres et de la société.

On peut saisir l'étonnement qui s'empare alors des décideurs, lorsque leurs actes sont mis sur la place publique et désapprouvés ; combien d'entre eux, contraints à démissionner, partent avec un sentiment d'injustice profond, des rancœurs inavouables...

C'est que tous nos responsables ont oublié un enseignement fondamental que l'histoire nous a légué : la déresponsabilisation, l'abus de pouvoir par ceux qui en ont, provoquent le désenchantement des populations et se traduisent par une perte de crédibilité flagrante de la démocratie. Déjà fragilisée dans ses fondements et son fonctionnement par les incivilités, la démocratie se retrouve aujourd'hui également décapitée par ses élites.

Une telle situation n'est pas sans rappeler celle des années 1930, qui avait jeté dans le populisme nombre de peuples anciens et pourtant autrement pétris de culture que nous le sommes aujourd'hui.

Souvenons-nous, c'est impératif.

Il nous semble évident que les enseignements que l'on peut tirer de ce que nous vivons aujourd'hui doivent servir à fonder d'urgence un nouveau « savoir-vivre ensemble ».

Si nous ne voulons pas voir se déliter définitivement ce qui reste de société et de démocratie à ce vieux pays qu'est le nôtre... il est temps d'inventer les nouveaux chemins de la liberté, de l'égalité et de la fraternité qui nous permettront de relever les défis tels que l'intégration et l'écologie ; nouveaux puisqu'il ne saurait être question de revenir au modèle d'antan quelle que puisse être la nostalgie que peuvent en avoir certains.

Car si l'homme civilisé, héritier des Lumières et de l'honnête homme, s'est laissé entraîner dans les incohérences du modèle actuel, c'est qu'il n'était plus sûr de lui.

On ne peut pas comprendre cette évolution si l'on fait abstraction, là encore, de l'histoire. Car nos pays ont vécu au XXᵉ siècle deux guerres mondiales et la décolonisation. La morale laïque ne s'est-elle pas transformée en une redoutable arme de propagande, amenant quarante millions d'individus à supporter la boucherie de 1914-1918 pratiquement sans révolte ?

Le nazisme quant à lui a fait vaciller la confiance de l'homme du XXe siècle dans les bienfaits de la civilisation : n'a-t-on pas vu les dirigeants nazis ordonner les pires actes de barbarie tout en écoutant avec extase, émotion et ferveur la plus délicate des œuvres de Mozart ? Voilà qui a mis à mal le lien entre culture et pacification des mœurs.

N'a-t-on pas vu la plus démocratique des nations, phare de la culture du progrès de l'Occident, les États-Unis, fabriquer la pire des armes jamais conçue par l'être humain, la bombe atomique ?

Et la nation française elle-même n'a-t-elle pas renié bon nombre de ses principes démocratiques en refusant aux populations de ses colonies les droits civiques ou l'autodétermination, n'hésitant pas à s'engager dans des guerres injustifiables ?

On peut comprendre qu'après ce demi-siècle de catastrophes, certaines générations se soient acharnées à extraire de la formation de leurs enfants tout ce qui pourrait, de près ou de loin, les amener à reproduire de telles horreurs.

Mais tout n'est pas à rejeter dans nos héritages : au milieu du pire, les tranchées ont donné lieu à une fraternisation entre les classes sociales, condition de la naissance de l'État providence quelques décennies plus tard ; l'occupation nazie a entraîné l'émergence de résistants de tous bords, combattants ou « Justes », tous animés d'« une certaine conception de l'homme » ; la guerre a fait naître l'Europe, premier continent à s'unir pour la paix ; la décolonisation nous a appris à respecter et à apprécier les différences culturelles.

De tout cela peut émerger, doit émerger une civilité nouvelle, appelons-la savoir-vivre ensemble, incarnée par une nouvelle figure identificatrice, intégratrice et structurante pour les générations à venir, et pour laquelle nous nous proposons de donner quelques pistes.

LES SOLUTIONS POUR FONDER
UN NOUVEAU SAVOIR-VIVRE ENSEMBLE

Fixer quelques principes simples

Si nous pensons qu'une évolution est possible, que l'on peut concevoir ces nouveaux chemins de la liberté, de l'égalité et de la fraternité, c'est qu'il semble que nos concitoyens soient prêts pour cette évolution, comme en témoignent plusieurs signes.

Jean-Michel Jeury et Jean-Daniel Baltassat (*Petite histoire de l'enseignement de la morale à l'école*, 2000) font état d'un sondage BVA effectué sur un échantillon de neuf cent cinquante-six personnes, commandité par la revue *Psychologies*. À la question : « Quelles sont les valeurs dont vous regrettez le plus l'affaiblissement ? », la réponse majoritaire se portait sur la politesse et l'honnêteté.

De même, Frédéric Rouvillois (*Histoire de la politesse*, 2006) cite en introduction un sondage réalisé en octobre 2003 pour le *Figaro Madame* : 70 % des sondés jugeaient particulièrement importantes les « bonnes manières », alors que ce chiffre n'était que de 53 % en 1991 et de 21 % en 1981 !

Citons aussi la multiplication des ouvrages consacrés au savoir-vivre depuis quelques années : *Le Carnet du savoir-vivre*, Laurence Caracalle, 2008, dont dix mille exemplaires se sont vendus en moins de deux mois, *Le Savoir-vivre en entreprise*, Sophie de Menthon, 2007, *Questions de politesse*, Jacques Gimard, 2008, etc.

Sans compter les articles de revue : « Le manager gentil », *Capital*, juillet-août 2008, qui présente le manager gentil comme étant celui manifestant de la bienveillance à ses collaborateurs (d'après l'article, le meilleur manager gentil en France serait Michel Drucker, opérant pourtant dans un univers télé réputé impitoyable). « Être gentille, ça rapporte », revue *Avantages*, où l'on multiplie les conseils du type : « Un peu de douceur... avec les malmenés : le garagiste, l'infirmière, le type de la fourrière... » ; on ne fait que rappeler ici que prêter attention aux autres est bénéfique à tous, y compris à soi-même car l'on crée les conditions d'un échange et d'une réciprocité, autrement dit de la solidarité.

N'oublions pas « Savoir-vivre pour exister », *Le Monde Magazine*, 19 décembre 2009, où Jean Birnbaum analyse le dernier essai du philosophe Jacques Schlanger *Savoir être et autres savoirs*, 2010. Le savoir-vivre y est présenté comme inséparable du « vouloir être » : « Je parle d'un laisser-aller du corps/esprit, par impuissance, par lassitude, par dégoût interne, par usure, quand il ne veut plus user de son savoir-vivre parce qu'il ne veut plus vivre. » Et de conclure : « Quelques beaux esprits croient pouvoir mépriser le savoir-vivre en le réduisant à un vulgaire conformisme. Ils ignorent que, par-delà l'injonction sociale, ce qui est en jeu, ici, c'est une certaine attention aux autres et au monde, une manière de donner du prix à la vie. [...] Non une ultime allégeance aux bonnes manières, mais l'affirmation d'un compagnonnage obstiné, d'un indestructible désir de continuer avec nous... »

Une manière de donner du prix à la vie, d'affirmer un compagnonnage obstiné... On est loin ici de cette conception racornie du savoir-vivre réduit à une « pratique socialement discriminante ».

Ou encore *Le Manifeste chap*, de Gustav Temple et Vic Darkwood, 2010, prônant un « savoir-vivre révolutionnaire pour gentleman moderne », et *Éloge de la gentillesse*, d'Emmanuel Jaffelın, 2010, qui réhabilite ni plus ni moins l'idée de… gentilhomme !

Pour finir, *Le Point* du 19-24 juillet 2010 qui titre « Scandales. Politique, foot, business… Palmarès de l'indécence française », par Sylvie Pierre-Brossolette, et « Bien payés, mal élevés », par Alain Mercier dont nous avons déjà parlé.

Mentionnons encore l'étonnant débat lancé par Luc Ferry en 2000 : tous les lycées étaient censés débattre des réformes à mener pour améliorer le fonctionnement de l'école, non seulement les adultes, c'est-à-dire équipes pédagogiques, personnels d'entretien et parents, mais aussi les lycéens eux-mêmes. Dans l'établissement de mille deux cents élèves où j'enseignais alors, en zone sensible, les revendications des élèves ont porté d'abord sur plus de sanctions pour ceux qui perturbent les classes et, « s'il vous plaît, éduquez nos parents ! ». Stupéfaction des adultes, on l'imagine…

Et que dire du succès phénoménal de films tels que *Les Choristes*, de Christophe Barratier (2004), ou *Le Fabuleux Destin d'Amélie Poulain*, de Jean-Pierre Jeunet (2002), ou du roman *Ensemble, c'est tout*, d'Anna Gavalda (2004) ?

Or que mettent en scène ces œuvres ? Des enfants malheureux que le chant transforme, une jeune fille qui donne sens à sa vie en procurant des petits ou des grands bonheurs à ceux qui l'entourent, telle la bonne fée de nos contes d'enfant, des êtres crevant de solitude qui découvrent le plaisir de s'entraider au fil de gestes quotidiens beaucoup moins anodins qu'il n'y paraît.

De là à penser que nos contemporains, loin de se repaître dans le trash, le gore, le « no limit » ou le « m'as-tu vu », le pire de l'homme comme les y incitent séries télévisées, émissions de télé-réalité, magazines people, jeux de rôle sur ordinateur ou console, aspirent à plus de lien social, de gentillesse et de solidarité, il y a un pas que nous oserons franchir avec allégresse !

Et, de fait, si les incivilités sont si mal perçues, c'est qu'il existe bien dans notre pays une majorité silencieuse qui souffre quotidiennement de l'affaiblissement de la civilité, jeunes et moins jeunes, comme l'affirme Muchembled.

Car, contre vents et marées, de nombreuses familles s'efforcent de transmettre et d'assurer leur mission civilisatrice : c'est bien pour cela que « l'opinion » est choquée par les affaires d'abus aux plus hauts niveaux de responsabilités ; c'est bien pour cela que « l'opinion » se scandalise de l'attitude des Bleus lors de la Coupe du monde de football en Afrique du Sud (tensions étalées au grand jour entre les joueurs ou avec leur manager, absence totale de responsabilité vis-à-vis de leurs supporters, et tout ce que l'on sait).

À force de ne pas tenir compte de cette majorité silencieuse, nos responsables politiques finissent par les jeter, pour certains d'entre eux, dans le désespoir social et/ou l'extrémisme de tout bord.

Enfin, la déformation médiatique permanente dont sont victimes les populations de banlieue, et notamment issues de l'immigration, nous fait oublier un aspect fondamental de la question. À savoir que nombre de familles immigrées font aussi partie de cette majorité silencieuse, et continuent de transmettre à leurs enfants des codes de politesse très stricts ; car la civilisation arabo-musulmane, par exemple, est tout autant marquée que la civilisation occidentale jusqu'aux années 1960 par une codification importante des relations sociales. Et tel jeune qui se conduit mal dans l'espace public se conforme avec zèle à toutes ces prescriptions dans l'espace familial. Il en va de même pour toutes les autres populations, qu'elles soient d'origine africaine, asiatique, etc.

Et si ces populations fuient autant qu'elles le peuvent l'école républicaine, c'est bien parce qu'elles tiennent à ce que leurs enfants continuent à être éduqués dans cette tradition. Elles ne sont pas opposées aux codes occidentaux, simplement, en l'absence de visibilité de ces codes, ce qui les prive de pouvoir s'approprier des manières d'être auxquelles elles tiennent, elles se replient sur leur propre tradition pour éduquer leurs enfants.

Tous ces codes se fondent sur le respect de l'autre et le sens du collectif. En revanche, les leurs passent par des formes qui ne sont pas les mêmes que les nôtres, et qui peuvent conduire à des malentendus regrettables entre groupes de populations différentes.

Par exemple, les jeunes Marocains apprendront à ne jamais regarder un adulte dans les yeux, ce serait lui manquer de respect. En Europe et plus généralement en Occident, on interprétera leurs yeux baissés comme la marque d'un tempérament fuyant et peu franc.

C'est pour cela qu'il est urgent de retrouver les codes principaux du savoir-vivre ensemble, de façon à les rendre explicites à tous ceux qui ont une autre culture, de façon à leur permettre de se les approprier et de s'intégrer à leur société d'accueil ; les laisser s'enfermer dans leur propre culture sous prétexte de respecter leurs usages est source de dysfonctionnements majeurs, dont

l'extrême forme n'est autre qu'une marginalisa-
tion irréparable.

Le biculturalisme n'a rien de dommageable :
c'est le lot de toutes les familles dont les deux
parents sont issus de nationalités ou de cultures
différentes ; les enfants y apprennent à passer
facilement d'un code à l'autre puisque le socle
est le même, respect de l'autre et sens de la collectivité.

C'est même un enrichissement considérable de
pouvoir comparer et passer de l'un à l'autre en
permanence : cela rend l'individu plus ouvert à
la différence, plus curieux et plus tolérant.

De même, le métissage qui caractérise nombre
de familles – métissage linguistique, culturel ou
social – est producteur lui aussi de respect, tout
autant que de créativité et d'imagination.

Alors osons un biculturalisme pour tous les
enfants qui grandissent sur nos territoires : en
respectant leur(s) identité(s) culturelle(s) sans les
stigmatiser, tout en leur transmettant les règles
du savoir-vivre ensemble indispensables à une
démocratie vivante, ici et maintenant. Si cela leur
impose des compromis, voire des conflits avec
certaines de leurs traditions, il faut leur faire
comprendre que cela est nécessaire et inévitable :
on ne peut pas vivre dans une démocratie et être
un citoyen tout en enfreignant les règles fonda-
mentales de liberté, d'égalité, de fraternité.

N'ayons pas peur d'affirmer haut et fort cette unique limite à l'ouverture sur les cultures du monde entier et au métissage caractéristique des sociétés contemporaines. C'est la condition de survie de nos démocraties.

Prétendre s'en passer est parfaitement illusoire. C'est bien la grande erreur qu'ont commise les détracteurs du savoir-vivre dans les années 1970 : si l'on peut comprendre l'impatience de la jeunesse d'alors à desserrer des carcans d'un autre âge qui régissaient les conventions sociales, il n'en reste pas moins qu'elle s'est probablement trompée de nécessité.

Modifier et simplifier les codes sociaux pour les adapter à une société en pleine mutation d'accord, les supprimer sans les remplacer par quoi que ce soit, non. On les a bien supprimés, puisqu'en rejetant toute forme de codes sociaux on a évacué non seulement le savoir-vivre, mais aussi, bien plus grave, la civilité. Et la situation dans laquelle nous nous trouvons aujourd'hui est là pour témoigner de cette erreur et de ses conséquences.

De même, la sociologie bourdieusienne, qui s'est attachée à discréditer ces codes en les considérant comme des pratiques discriminantes à l'égard des classes populaires, a oublié d'aller voir ailleurs. Elle se serait alors aperçue que toutes les

sociétés reposent sur une codification des relations sociales qui assure une régulation indispensable au vivre ensemble.

Certes, dans une perspective marxisante de
lutte des classes, on pourrait accepter l'idée que
ces codes ont aussi une fonction discriminante
entre les classes sociales. Mais les réduire à cette
fonction est une erreur majeure d'interprétation
puisque, là aussi, on a confondu savoir-vivre et
civilité.

Quant à l'effet qui en a résulté sur l'école –
effacement de la référence culture, suppression
du jugement social et de la contrainte –, il s'est
traduit par un affaissement dramatique du
niveau d'exigence dans tous les domaines, qui
pénalise définitivement et radicalement les plus
défavorisés.

Marginalisés autant par leur absence de savoir
que par leur absence d'éducation, ils voient se
fermer toutes les portes, toutes les voies de l'intégration possibles sans même comprendre qu'ils
ne sont pas forcément victimes d'un racisme ethnique ou social, mais bien d'une non-maîtrise
d'un langage social qui fait sens pour bon nombre de leurs concitoyens.

Toute solution passe donc d'abord par un
consensus national sur la nécessité d'un certain

niveau de savoir-vivre ensemble et sur ses contenus.

Nous l'avons vu, le modèle de la IIIe Républi-que nous éclaire à ce sujet, il est important que la nation soit capable de proposer une figure humaine qui fasse sens pour l'ensemble de ses populations. La France a l'avantage sur ses voisins d'avoir déjà effectué ce travail de formulation aux débuts de la IIIe République : nous pouvons donc nous appuyer sur un socle qui a fait ses preuves en son temps.

Revenons d'abord au principe de laïcité : remis au goût du jour dans les années 1990 par l'urgence de trouver des fondements au refus du port du voile islamique à l'école, dans les admi-nistrations, etc., ce principe mérite d'être réactivé définitivement.

En séparant la sphère privée, espace des diffé-rences culturelles, religieuses ou régionales, de la sphère publique, espace de la citoyenneté affir-mant l'égalité de tous les citoyens devant la loi, les droits et les devoirs, la notion de laïcité per-met de combiner deux impératifs pour notre démocratie du XXIe siècle.

D'une part, le respect réel des différences sans accorder plus d'importance à un groupe qu'à un autre ; par là même, les populations d'origines différentes peuvent cohabiter pacifiquement et sans racisme.

Et en même temps, l'affirmation d'un socle de valeurs commun à tous les groupes de population qui composent la nation française, appuyé sur les Droits de l'homme (notion universelle selon la Déclaration universelle des droits de l'homme de 1948) ; en proposant à chacun la citoyenneté, on affirme l'égalité de tous devant la loi et les devoirs qui en découlent, mais aussi l'égalité dans les droits qu'ouvre la citoyenneté : droits politiques et civiques (voter, se présenter comme candidat, adhérer à un parti, etc.), mais aussi droits sociaux, droit à l'éducation, à la santé, à la sécurité sociale, etc.

Il semble difficile de concevoir une citoyenneté qui ne s'articulerait plus sur cette notion. Car on le voit ailleurs, en Europe ou en Amérique du Nord, l'autre voie, celle du communautarisme, peine à concilier différence culturelle et démocratie : combien de communes, de tribunaux se font piéger par la revendication communautaire ?

Que penser de cette ville de banlieue parisienne qui avait introduit des créneaux horaires réservés aux femmes à la piscine municipale, au motif que cela leur permettrait de sortir de chez elles, comme l'a découvert la commission Stasi en 1999, au moment de l'élaboration de la loi sur l'interdiction du port d'insignes religieux à l'école ?

Que penser de ce juge allemand, acquittant un homme violent qui battait sa femme, au motif que le Coran, livre de référence pour ce musulman, l'autorise à la châtier ?

Et que dire de ce parti dit d'extrême gauche qui a inscrit sur ses listes de candidats à l'élection une femme voilée ?

Bref, le respect des différences culturelles nous piège trop souvent dans une tolérance qui nous amène à renier les principes mêmes des droits fondamentaux de la personne humaine...

Si nos sociétés doivent respecter ces différences, ce respect doit s'accomplir dans la limite tracée par les lois républicaines et les principes de liberté, d'égalité et de fraternité.

Il faut donc proposer aux individus, quelles que soient leurs origines, la participation à l'espace de la citoyenneté par l'adhésion aux principes de la République. Ce doit être le premier pilier de la citoyenneté du XXIe siècle, me semble-t-il.

Et le récent débat sur l'identité nationale de l'hiver 2009-2010 s'est fourvoyé en ayant oublié cette dimension fondamentale : être français, ce n'est pas forcément être de culture française, ce n'est pas aimer le bœuf bourguignon ou jouer à la pétanque (conception anthropologique de la culture), mais c'est adhérer aux valeurs de la République, qui ouvre des droits et des devoirs, accéder à une dimension universelle, celle de la citoyenneté constitutive de la démocratie. Un exemple ? L'Alsace est une région d'influence culturelle germanique... mais qui très tôt, à la fin du XVIIe siècle, est devenue française. Sans renier son dialecte, sa gastronomie, son folklore communs aux autres régions d'outre-Rhin, l'Alsace est restée française par adhésion à une France qui respectait sa différence religieuse et intellectuelle, et plus tard par adhésion aux valeurs républicaines, notamment l'égalité en droits, adhésion qu'elle a payée très cher au cours des trois guerres franco-allemandes, soit dit en passant...

Ce qui a été possible pour les Alsaciens doit l'être aussi aujourd'hui pour tout individu, quelle que soit sa culture et sa religion d'origine.

À ce propos, le magazine *Courrier international* de la semaine du 10 novembre 2010 s'est penché sur la question du multiculturalisme à travers un copieux dossier « Vivre ensemble ».

Du sociologue catalan Salvador Cardus i Ros au journaliste allemand Richard Hertzinger (*Die Zeit, Der Spiegel, Die Frankfurter Allgemeine Zeitung*), de l'intellectuel britannique d'origine indienne Kenan Malik, chercheur associé en études politiques internationales, à l'éditorialiste du journal canadien *The Globe and Mail*, tous dénoncent les ambiguïtés du projet multiculturaliste né dans les années d'après-guerre.

Ils expliquent en particulier que la diversité culturelle est une formidable richesse pour les sociétés modernes, à condition qu'elle ne se traduise pas par une fragmentation des sociétés née d'un enfermement de chacun dans son particularisme culturel : « Le multiculturalisme... Un ensemble de dispositifs visant à gérer la diversité en mettant les gens dans des cases ethniques [...] et en utilisant ces mêmes cases pour orienter les politiques publiques » ; « Cette version du multiculturalisme gêne un grand nombre de nouveaux venus, qui se sentent ainsi mis dans des cases ethniques et donc exclus de la société d'accueil » (Kenan Malik, *The Globe and Mail*). À condition aussi que la diversité culturelle n'ait pas de traduction politique. Car « si chaque groupe se vit comme force politique, il n'y a plus de société commune » (Cardus i Ros).

Et ces auteurs de défendre l'idée d'un retour clairement assumé aux valeurs universelles du siècle des Lumières comme dénominateur commun, irréductible et non négociable à toutes les populations cohabitant dans la diversité culturelle et participant en même temps au projet démocratique. « L'institut Historica-Dominion

propose que le Canada marque son cent cin-
quantième anniversaire en 2017 par la création
d'une charte de la citoyenneté qui définisse les
responsabilités civiques de chacun. Il faut également envisager de rendre le vote obligatoire et
d'instaurer un examen de culture civique à l'école
secondaire. » (*The Globe and Mail*).

On ne peut que saluer la réflexion féconde
d'auteurs modérés et engagés sur ce sujet trop
souvent délaissé, et récupéré sans scrupule par
une extrême droite qui fait de la diversité culturelle le bouc émissaire de tous les problèmes de
nos sociétés, du chômage à l'insécurité.

Au-delà du principe de laïcité, nous pouvons
également définir ce que nous attendons du
citoyen du XXIe siècle, c'est-à-dire caractériser les
comportements, les manières d'être qui nous
paraissent compatibles avec la qualité de citoyen.

Si la liberté de chacun doit être préservée, elle
doit cependant s'articuler à l'égalité et à la fraternité : pour ce faire, il faut redonner sens à la
dimension collective et à l'altérité, avoir le sens
de l'intérêt général et le sens de l'autre.

Il faut donc trouver le juste équilibre entre ces
impératifs contradictoires en évitant de faire pen-
cher la balance trop fortement d'un côté ou de
l'autre : trop de collectif brime les individus et

conduit à l'embrigadement des esprits, trop de liberté conduit à la loi du plus fort.

Enfin le citoyen du XXIe siècle doit être responsable, c'est-à-dire comptable de ses actes et ce dès le plus jeune âge. La psychologie, la psychanalyse, l'analyse comportementale au XXe siècle nous ont appris que tous les individus ne sont pas égaux et subissent dès l'enfance des violences, des traumatismes, qui peuvent expliquer leurs comportements, leurs violences, leur agressivité, leurs échecs scolaires ; de même, la pauvreté dégradante incite à l'indulgence.

Nous devons donc tenir compte de l'inégalité des conditions, et bannir de nos réactions l'humiliation et la pénitence d'un enfant qui est en réalité en détresse : on a beaucoup accusé les châtiments excessifs de l'enfant dans l'école et la société de la IIIe République, et il n'est pas question de revenir à ces pratiques d'un autre âge.

Pour autant, la prise en compte de l'histoire individuelle de chacun ne doit pas conduire à tout excuser. Quels que soient les motifs de ses comportements, tout enfant, tout adolescent, tout adulte doit être confronté aux conséquences de ses actes pour les autres et pour la collectivité.

Il ne s'agit pas de viser l'idéal, le modèle parfait, que bon nombre d'individus ont du mal à atteindre, ce qui engendre honte, frustration et rancœur. Il suffit que chacun apprenne à accepter ses échecs, et qu'il en tire l'enseignement nécessaire pour adopter des comportements plus conformes au vivre ensemble.

Si nous continuons à nier le principe de responsabilité pour le citoyen lambda, nous ne devons plus hurler au scandale dès qu'un dirigeant d'entreprise, un chef d'État ou un homme politique refuse d'assumer les actes qu'il a commis. Si l'on exige de ces hommes et de ces femmes qu'ils démissionnent de leurs fonctions, on doit exiger que le jeune qui dégrade les sièges du train de banlieue répare le tort qu'il a causé à la collectivité !

On voit donc bien que nos sociétés sont mûres aujourd'hui pour un débat public sur cette question. Et pour fonder le savoir vivre ensemble du XXIᵉ siècle, il faut accepter l'idée qu'un code social commun à tous les individus est nécessaire pour garantir l'intégration de chacun.

De plus, il faut aussi réaffirmer l'universalité de l'espace de la citoyenneté accessible à tous quelle que soit la diversité des cultures. Exigeant le respect des principes fondateurs de la république, cet espace implique un travail de délimitation de ce qui, parmi les traditions de tous horizons qui se côtoient dans nos sociétés, est compatible avec la démocratie et la citoyenneté, de ce qui ne l'est pas.

Voilà, me semble-t-il, ce qui doit fonder le consensus dans nos sociétés aujourd'hui, dans le but de construire la figure de référence qui fera sens pour l'ensemble des citoyens.

Agir, en particulier auprès des plus jeunes

Maryse Vaillant, dans *Le Choix éducatif : la seule alternative au tout sécuritaire*, qualifie les incivilités de « malaise dans la civilisation » lié à la grande difficulté de toutes les institutions aujourd'hui à civiliser les comportements humains. Elle rappelle que la « courtoisie, la politesse et autre respect des normes et des usages sociaux ne sont pas plus innés chez l'homme que la station debout ou le langage articulé ».

Dans cette perspective, la multiplication des incivilités découle d'un « défaut dans la transmission civilisatrice ».

La transgression des codes sociaux n'est pas un délit cité dans le Code pénal ; c'est donc, par essence, une question d'éducation, ce qui nécessite de s'interroger sur les défauts d'éducation produits par nos sociétés.

Maryse Vaillant affirme aussi que « le choix de civilisation, par exemple la démocratie, doit être en permanence reconstruit, génération après génération ». Ce que la société des années 1960-1970 et suivantes semble avoir oublié.

La première instance éducative est sans conteste la famille. Compte tenu des bouleversements qu'a connus la famille, les parents d'aujourd'hui, victimes entre autres de la non-transmission civilisatrice, mais également touchés par les séparations, le chômage, l'éloignement de leurs propres parents, confrontés de plus à l'explosion des objets multimédias dont raffolent leurs enfants, ne disposent plus vraiment des repères nécessaires pour éduquer leurs enfants. Ils ont tendance à les élever… sans les éduquer, c'est-à-dire sans les civiliser.

Or toute société contracte un engagement à la naissance d'un enfant : le devoir éducatif, au nom duquel nous devons concevoir de nouveaux outils pour soutenir les familles dans leurs devoirs de parentalité. Un proverbe africain ne dit-il pas : « Il faut tout un village pour élever un enfant » ?

La collectivité se soucie de la santé des enfants et a mis en place les structures nécessaires : PMI, vaccination. Elle se soucie aussi de leur instruction et finance la scolarité de chaque enfant.

Pourquoi ne pas concevoir des modules d'éducation pour les jeunes parents dès les premiers mois de la vie de leur enfant ? Que ce soit dans les PMI, dans les crèches, dans les mairies et plus tard dans les écoles ? Des modules au cours desquels ils apprendraient à offrir un rythme de vie régulier à leurs tout-petits pour structurer leur univers, univers qui les construit ; où ils apprendraient aussi à faire acte d'autorité, à faire respecter la « loi » en imposant à leurs enfants des règles de vie et une participation aux tâches communes (par exemple mettre le couvert, ranger ses affaires, faire son lit) dès le plus jeune âge. De même qu'on pourrait leur apprendre qu'ils sont en droit d'exiger là aussi, dès les premières années, que leurs enfants sachent dire bonjour, au revoir, s'il vous plaît, merci, pour marquer leur attention à l'autre en toute circonstance.

Et plus tard, quand l'enfant grandit, leur apprendre, là encore, à fixer des règles pour limiter le temps passé devant la télévision et l'ordinateur et à ne jamais faire accéder leur enfant à des objets tels que iPod, téléphone portable, etc., sans une contrepartie de leur part : le respect de certaines consignes, comme éteindre ses appareils la nuit et à table, et bien sûr en classe...

Il faut enfin apprendre aux jeunes parents qu'ils ont le droit, même le devoir, de sanctionner leur enfant en cas de manquement à leurs exigences. C'est leur rôle et ils n'ont pas à culpabiliser : ce n'est pas être « méchant » que de punir un petit enfant qui dit un gros mot à une vieille dame.

Bref, il faut rappeler aux parents les fondements de nos sociétés démocratiques et les initier à cet héritage de civilisation que sont les codes du savoir-vivre ensemble, finalement largement méconnus par beaucoup d'entre eux, ou si implicites pour d'autres qu'ils ne font pas le lien entre éducation et savoir-vivre ensemble. Ce serait la meilleure façon de donner sens aux exigences qu'ils seront amenés à poser à leurs enfants.

Rien n'est plus important que de comprendre pourquoi il faut dire non à un enfant, pourquoi il faut sanctionner les caprices et les comportements inadéquats dès le plus jeune âge, pourquoi il faut lui imposer des règles...

Pour ce faire, pourquoi ne pas, par exemple, mobiliser les générations les plus âgées, à la retraite, qui ont de l'expérience et qui, moyennant une formation, pourraient transmettre le savoir-faire éducatif ? Beaucoup d'entre eux sont déjà très actifs dans des associations d'aide aux devoirs, d'école à l'hôpital, etc., et très sensibles à ces questions.

Fondé sur le volontariat des parents dans un premier temps (ce qui se fait déjà en partie), ces modules pourraient devenir obligatoires à partir de la maternelle en cas de comportements trop

perturbateurs des enfants, et pourraient être proposés à chaque étape du développement de
l'enfant : petite enfance, enfance (école maternelle et primaire) et adolescence.

À ceux qui craindraient un embrigadement des
esprits, un contrôle de l'État sur les familles, rappelons que c'est ce qui se pratique déjà pour
la conduite automobile, et cela ne choque personne : on oblige bien le mauvais conducteur à
suivre des formations pour récupérer ses points...

L'obligation de suivre ces modules ne devrait
pas être perçue comme une sanction, mais
comme un accompagnement nécessaire et normal
de la part de membres d'une société solidaires les
uns des autres ; par ailleurs, la multiplicité des
profils de personnes susceptibles d'animer ces
modules (animateurs, éducateurs socioculturels,
psychologues, retraités) garantirait l'inexistence
d'un quelconque discours formaté sur l'éducation.

De plus, un tel dispositif aurait l'avantage de
faire se rencontrer des parents d'origines très
variées, une occasion unique d'échanger sur les
pratiques éducatives, et de transmettre aux
parents d'autres cultures les attentes que l'on a
vis-à-vis de leur enfant dans une société comme

la nôtre : ce pourrait être un puissant vecteur d'intégration.

Il aurait aussi le mérite de rappeler à ces parents, père ou mère, qui disparaissent dans la nature du jour au lendemain que leur conduite n'est pas compatible avec les attentes de la société et les devoirs qui leur incombent : 40 % des Rmistes sont des femmes seules avec charge d'enfants.

Bien sûr, toutes ces propositions sont à l'état brut ; notre propos est juste de tracer des pistes de réflexion, et de faire prendre conscience au lecteur que l'éducation au sein de la famille doit être un enjeu majeur de société, que nous sommes tous concernés, et que nous avons un devoir éducatif envers les enfants que nous avons ou que nous côtoyons : il faut tout un village pour élever un enfant...

Parce qu'éduquer, c'est civiliser les comportements de façon à rendre vivante notre démocratie et ses principes fondateurs : liberté, égalité, fraternité.

En second lieu, il faudrait aussi repenser l'école dans une double perspective d'éducation et d'enseignement (donc de civilisation et de culture). L'école est l'autre instance indispensable à la transmission civilisatrice, d'autant plus qu'elle agit non seulement sur le plan éducatif, le savoir être constitutif du savoir vivre ensemble, comme la famille, mais elle agit aussi sur le niveau d'instruction, tout aussi nécessaire à l'exercice de la citoyenneté.

Or l'école, aujourd'hui en crise, on l'a vu, pâtit à la fois d'un effacement de la référence culture, jugée trop discriminante selon les milieux sociaux, d'un égalitarisme virulent, et d'un renoncement à l'éducatif.

En premier lieu, l'effacement de la référence culture constitutive de la civilité (le citoyen doit être éclairé pour comprendre les enjeux politiques et participer aux débats) conduit à l'effacement du sens citoyen de l'instruction : apprendre à lire sur des notices de lave-vaisselle, comme l'a suggéré un célèbre spécialiste des sciences de l'éducation, ne fait qu'instrumentaliser l'instruction ; on va à l'école pour avoir des diplômes et accéder à un emploi !

Dans cette optique, on conçoit que l'histoire, la géographie, la philosophie, la littérature, pour ne citer que ces exemples, ne servent à rien ! C'est bien pour cela que les élèves s'ennuient si ferme à l'école... Ces apprentissages n'ont aucun sens pour eux.

Sauf que le jeune qui n'aura aucune idée de ce qu'a été le nazisme ou le stalinisme pourra facilement se laisser tenter par le populisme ; sauf que le jeune qui ignore que plus de la moitié de la population mondiale ploie encore sous le joug de régimes autoritaires oubliera allègrement d'aller voter lors des élections ; sauf que le jeune qui n'a aucune idée ni de la philosophie des Lumières ni des découvertes de la science, de Galilée à Einstein, croira n'importe quelle théorie farfelue sur le système solaire, devenant la proie facile de toutes sortes de sectes.

Comment oser prétendre construire et défendre notre démocratie sur une telle ignorance ?

C'est ainsi qu'aujourd'hui nombre d'auteurs s'alarment de la menace qui pèse sur les sciences humaines, les humanités sommées aujourd'hui de prouver leur utilité dans une société de la rationalité et de la rentabilité immédiate. Or ces disciplines héritières des projets éducatifs de la Renaissance ont pour principal objectif le pluralisme culturel qui nourrit et enrichit la pensée, et la capacité à problématiser (*L'Avenir des humanités*, Yves Citton). De même, Bruno Latour affirme que l'autonomie des sciences est une illusion : il faut les réinscrire dans la culture, la société, l'économie, la politique, pour les rendre intelligibles et mesurer leur portée. Ce qui nécessite, là aussi, la pratique des humanités par ceux qui sont en position de décider... (*Cogitamus*, Bruno Latour).

Et, ce faisant, ils nous rappellent que la culture est d'abord un formidable vecteur d'émancipation individuelle et collective, et qu'on ne peut en aucun cas la réduire à un « instrument de domination des élites sur les classes populaires ».

Il faut donc au contraire, dès le plus jeune âge, à l'école primaire, valoriser la culture et le savoir.

Les enfants n'y ont pas forcément accès par leur famille ? Alors à l'école d'y pourvoir davantage.

Pourquoi ne pas concevoir un programme de visites et de sorties culturelles à faire en famille au cours de l'année, pour que la culture des arts, des lettres, mais aussi des sciences, devienne une affaire de famille ? La curiosité n'est pas l'apanage des catégories supérieures, que l'on sache... Cela permettrait de sortir (un peu) les familles les plus défavorisées de leurs cités, de leur signifier qu'elles ont leur place dans ces lieux de culture, et de favoriser, là encore, pour les familles issues de l'immigration, l'intégration.

À ceux qui seraient tentés de ricaner d'une telle proposition, on conseillera vivement la visite du Louvre un dimanche, particulièrement les dimanches où l'entrée est gratuite : on y voit nombre de familles d'horizons qualifiés de « modestes » selon les catégories des statisticiens, et qui naviguent de salle en salle, dépliants et audioguides en main pour montrer, le plus souvent, à leurs enfants les œuvres mentionnées à l'école. Occasion pour eux-mêmes de s'initier avec bonheur à des pans entiers du patrimoine de l'humanité, fiers d'accéder enfin à ce qui leur a été interdit dans leur enfance.

De même, osons poser des exigences aux enfants même les moins bien outillés pour faciliter leur apprentissage : n'est-il pas aberrant (et follement démagogique) de prétendre initier les enfants aux savoirs divers, sans sanctionner positivement leur travail ou négativement leur non-travail, et leur faire croire qu'ils réussiront leurs études quelles qu'elles soient sans fournir un travail sérieux, constant ?

Est-ce qu'en sport on explique aux jeunes qu'ils peuvent être performants tout en ne fournissant aucun effort ? Non, au contraire, on les soumet à une discipline importante, on leur apprend à maîtriser leur corps et leurs affects pour développer une discipline personnelle, créant les conditions d'une forme physique (pas d'alcool, pas de drogue, un rythme de vie équilibré en termes d'alimentation et de sommeil, une assiduité sans faille aux entraînements). Pourquoi de telles exigences sont-elles acceptées par les jeunes en sport et non à l'école ? Croit-on pouvoir y réussir en se droguant, en se saoulant, en passant ses nuits sur l'ordinateur et en séchant les cours en fonction de ses envies ?

C'est se moquer d'eux que de leur dire qu'ils pourront réussir sans effort et sans discipline ! C'est un véritable « opium du peuple » qui anéantit toute volonté, toute ambition chez les jeunes... et qui les envoie à l'échec, puisque 60 % des étudiants qui entrent en première année d'université échoueront avant le niveau licence... Un gaspillage insensé qui prend sa source dans cette démagogie hypocrite.

Alors pourquoi ne pas faire signer aux parents et aux jeunes un véritable pacte éducatif à leur entrée dans l'établissement ? On leur fait signer un règlement intérieur souvent trop long, qu'ils ne lisent pas et qui reste très abstrait.

Il faudrait le compléter par un engagement explicite de la part des familles et du jeune, qui stipulerait bien clairement la discipline qu'il est nécessaire d'imposer aux enfants pour leur permettre de bénéficier au mieux de l'enseignement qu'ils reçoivent : d'abord en termes d'heures de sommeil, d'utilisation du multimédia dans l'emploi du temps à la maison (télé, ordinateur, iPod, téléphone portable...), de limitation aux sorties le soir pour les plus âgés ; ensuite en termes d'assiduité et de ponctualité en classe, de conditions dans lesquelles s'effectuent les devoirs : on ne travaille pas efficacement devant la télé, avec l'iPod vissé sur les oreilles, le téléphone portable à la main pour répondre en instantané aux SMS des copains.

Les parents doivent être conscients que, même s'ils ont eux-mêmes peu de diplômes, ils peuvent, et doivent, vérifier que les devoirs sont faits, accepter que l'enseignant sanctionne leur enfant s'il ne travaille pas correctement sans vraie raison, ou s'il se comporte mal en classe et dans l'école.

C'est vrai, certains enseignants sont largement démissionnaires, mais ils le sont d'autant plus qu'ils ont en face d'eux des parents hors d'eux à la moindre sanction envers leurs enfants, prompts à rejeter tous les échecs de leur progéniture sur l'école, à contester toutes les décisions des conseils de classe, sans jamais s'interroger sur ce qu'eux-mêmes mettent en place à la maison pour la réussite de leurs enfants. Et cessons de considérer les catégories dites « défavorisées » comme inaptes à quoi que ce soit : ces familles peuvent souvent mobiliser des ressources que nous ne soupçonnons pas. Échanges de services (heures de ménage ou courses contre un petit cours de maths, par exemple) ou contribution du réseau familial peuvent donner des résultats importants, pour peu qu'on sache mobiliser les familles sur l'enjeu de l'école.

De plus, il ne faudrait pas seulement valoriser les œuvres de l'esprit au sens académique du terme, mais aussi permettre aux enfants qui viennent d'ailleurs de parler de leur culture.

Il n'est pas difficile de faire comprendre aux enfants les différents sens du mot culture : on peut leur expliquer le sens anthropologique, et leur faire échanger leurs expériences en la matière en s'appuyant justement sur ceux d'entre eux qui sont porteurs d'autres traditions : une façon de souligner les écarts culturels, de s'initier à la différence au lieu de la méconnaître (on a souvent peur de ce que l'on ne connaît pas) et de s'enrichir mutuellement de cette différence.

Tout en leur montrant qu'il existe, dans notre tradition occidentale, une certaine conception de l'homme qu'ils doivent s'approprier pour accéder à l'espace de la citoyenneté ici et maintenant : ce n'est que comme cela que l'on peut donner du sens aux enseignements qu'on leur impose.

Apprendre la Seconde Guerre mondiale n'a aucun intérêt pour un jeune d'origine algérienne, dont ce n'est pas l'histoire, malgré les liens qui unissent l'Algérie et la France : cela ne peut avoir un sens que si on lui explique à quel point il est important qu'il connaisse ce pan d'une culture occidentale, puisque c'est ce traumatisme qui a conduit à l'édification d'une société que l'on a voulue meilleure (création de la Sécurité sociale), et dont il bénéficie parce qu'il réside sur le territoire français ; de même, cela lui permet de comprendre les raisons de la construction européenne, qui assure une paix sans équivalent dans le monde, paix dont ce jeune bénéficie aussi...

Mais si l'égalitarisme a conduit à l'effacement de la référence culture à l'école, il nous a aussi condamnés à la suppression du jugement social.

Sous prétexte de ne pas stigmatiser ceux qui ont des comportements dérangeants (considérés comme excusables à cause du vécu, parfois difficile, qui est le leur ou à cause d'une origine culturelle autre), on a supprimé toute exigence en termes de comportement. Au point que l'on accepte en classe que les élèves n'aient jamais leurs manuels (payés par le contribuable), qu'ils ne prennent aucune note en cours, qu'ils rendent les devoirs maison avec dix jours de retard, qu'ils passent leur temps à communiquer par SMS (au moins le prof a la paix pendant ce temps-là), qu'ils trichent comme ils respirent pendant les interrogations.

Sans parler de l'intense activité de maquillage et de coiffure de nombre de jeunes filles, bien plus préoccupées en cours par le lissage de leurs cheveux et la bonne tenue de leur vernis à ongles que par l'apprentissage des méthodes de travail. Qu'on se le dise, nombreux sont les enseignants qui en sont à se demander pourquoi il est nécessaire d'avoir un CAPES ou une agrégation et un master minimum, désormais, aussi, pour exercer un métier qui consiste le plus souvent à faire de la garderie d'ados boudeurs et contrariés, à supprimer des portables et des smartphones et à faire la chasse aux rouges à lèvres et aux brosses à cheveux…

On tolère même parfois que certains élèves rackettent leurs camarades sans vergogne, qu'ils insultent enseignants et personnels de services (les pauvres, ils subissent tellement de traumatismes qu'on ne peut pas leur en vouloir d'être agressifs…), qu'ils vandalisent les tables (impossible de leur faire poncer les bureaux à la fin de l'année, certains élèves sont allergiques et l'établissement risquerait un procès en cas de crise d'asthme due aux produits décapants), qu'ils crachent par terre et qu'ils revendent de la drogue dans la cour sous leur veste, au vu et au su de tous, y compris des surveillants.

Or l'effacement de la référence culture et le refus du jugement social ont produit un terrifiant nivellement par le bas : on s'aligne sur ce qu'il y a de moins bon en matière tant intellectuelle que de comportement, avec pour résultat des familles qui fuient tant qu'elles le peuvent l'école publique. Il faut cesser de les stigmatiser : ce qu'elles fuient, ce n'est pas la mixité sociale, mais bien ce que signifie aujourd'hui une mixité nivelant par le bas.

Ce nivellement provoque les plus criantes inégalités, puisqu'il mène à une dégradation considérable des exigences en termes de savoirs et de comportements : il ferme définitivement la voie de la réussite à nombre de familles modestes, ce qui est un comble. Et, qui plus est, de façon totalement implicite, ce qui est encore pire, puisqu'il est devenu politiquement incorrect de dire à un jeune soit que son niveau scolaire est insuffisant soit que ses comportements posent problème. On l'entretient dans l'illusion que ça n'est pas si mal que ça... jusqu'au jour où il se confronte à la réalité des exigences d'une société de la performance et où il échoue, insuffisamment armé intellectuellement et éducativement parlant.

La mixité sociale est défendue par tous pour permettre aux moins favorisés de bénéficier d'un environnement plus favorable. Mais on n'attire pas les mouches avec du vinaigre ; il est aberrant de dire aux familles : « Nous avons besoin de vos enfants parce qu'ils sont porteurs de culture et de savoir-être », et de laisser les mêmes enfants se faire massacrer, au figuré comme au propre, par leurs camarades lorsqu'ils ont une bonne note ou qu'ils savent répondre à une question du professeur.

En refusant de sanctionner les violences faites aux « bons » élèves, ce qui est le lot de tous les collèges difficiles, on tue la mixité et ses raisons d'être. Marc Dupuis, dans son article « L'école qui rend malade, une spécialité française », *Le Monde* du 23 septembre 2010, rend compte d'une enquête de l'AFEV (Association de la fondation étudiante pour la ville) menée d'avril à juin 2010 auprès de sept cent soixante enfants (dont cinq cent six collégiens). 73,3 % des enfants « aiment peu, voire pas du tout aller en classe ». En particulier pour 52,8 % d'entre eux, parce qu'ils reconnaissent y avoir été victimes de violences !

On sait bien ce qui gêne les détracteurs de l'éducation : le bonnet d'âne et les bons points stigmatisent le « mauvais » enfant, si contraire à la dignité de la personne dans nos conceptions post-68.

Mais il est des manières de sanctionner qui ne sont pas humiliantes. Pour les comportements, par exemple, certaines écoles primaires ont introduit un dispositif de « jugement par les enfants » ; en cas de manquement grave aux règles de bonne conduite à l'école (explicitées à chaque début d'année), les classes sont appelées à prononcer elles-mêmes la qualification de l'acte en justifiant leur position.

Ainsi, l'enfant perturbateur encourt la réprobation de ses pairs, et pas seulement des adultes. Le message est clair : « Ce n'est pas en boxant tout le monde que je vais pouvoir être populaire. » De quoi faire réfléchir les apprentis caïds.

De même, pourquoi ne pas décerner un prix de bonne camaraderie dans les classes ou un prix de la civilité ? Histoire de créer une émulation aux comportements adéquats...

On le voit, on peut inventer toutes sortes de dispositifs pour valoriser les comportements qui vont dans le sens du respect de l'autre et de la collectivité.

On devrait également repenser totalement l'ECJS (éducation civique, juridique et sociale) dans les collèges et les lycées : à raison d'une heure tous les quinze jours pour chaque classe, cet enseignement est largement insuffisant et reste beaucoup trop académique.

L'éducation à la citoyenneté doit passer par des actes, non par des paroles. Si l'on veut former les jeunes au sens de l'autre, au sens de l'intérêt général, à la responsabilité, il faut les encourager à agir dans ce sens.

En primaire, les professeurs des écoles ont l'habitude de faire participer les enfants à des tâches, comme effacer le tableau, ramasser les cahiers, ramasser les papiers par terre à la fin de la journée, etc. Pourquoi ne pas systématiser ces pratiques ? Cette éducation est totalement absente du collège et du lycée. Il me semble impératif au contraire de développer des dispositifs faisant participer les collégiens à la vie de leur classe et de leur établissement.

On pourrait imaginer faire travailler les élèves sur des initiatives pour améliorer la vie dans l'établissement : les mobiliser par exemple pour accueillir les parents lors des journées portes ouvertes, tenir une garderie pour les petits frères et sœurs lors des réunions de parents, veiller à la propreté à la cantine, prendre en charge les élèves nouvellement arrivés… Bref, les mettre en situation d'apporter quelque chose à la communauté éducative.

Au lycée, on pourrait aussi, par exemple, leur demander de réaliser un projet citoyen au cours de leur scolarité : que ce soit du bénévolat dans une association, un engagement auprès d'une personne âgée à laquelle on fournirait un service dans l'année, une aide à la dépollution d'un site naturel, etc., ce projet pourrait donner lieu à un compte rendu de la part des élèves devant la communauté éducative et à la délivrance d'un certificat, comme cela se fait déjà pour l'initiation au code de la route ou la maîtrise de l'outil informatique (le B2i) en collège.

On le voit, les propositions qui sont faites ici insistent sur les actes à envisager pour devenir à la fois responsable (tenir ses engagements) et solidaire vis-à-vis des autres et de la collectivité.

Car l'une des grandes erreurs des modes éducatifs d'aujourd'hui, c'est de concevoir l'enfant comme un simple réceptacle de tout ce que peuvent donner les adultes : les parents mettent un point d'honneur à apporter le maximum à leurs enfants et à tout faire à leur place, y compris faire leur lit, débarrasser leur couvert, sans jamais rien leur demander. Tout cela ne fait qu'entretenir leur passivité, qui grandit avec l'âge.

Trop souvent les adultes s'épuisent à faire à la place de l'enfant ce qu'il ne fait pas lui-même, ce qui devient choquant plus il grandit.

Or le vivre ensemble implique des actes, il se traduit par des actes ; il faut apprendre ces actes aux enfants, leur apprendre à donner d'eux-mêmes.

C'est d'autant plus important que c'est aussi par ces actes, en participant, en fournissant des efforts pour les autres et la collectivité, que l'enfant construit une image positive de lui-

176

même : l'enfant à qui on ne demande jamais rien ne peut rien apporter, et n'a pas une image positive de lui-même.

Car implicitement, si on ne lui demande rien, c'est qu'on n'a pas confiance en sa capacité à produire quelque chose d'utile aux autres : c'est terriblement humiliant, à la longue, pour un enfant.

Dans son *Essai sur le don* (1924), Marcel Mauss souligne que le lien social existe par le don et le contre-don. Toutes les sociétés ont été obligées de donner : le tabou de l'inceste obligeait à donner ses filles pour les marier en dehors du clan, et à recevoir des jeunes filles de l'extérieur pour qu'elles deviennent les épouses des hommes du clan. Ce don se trouve à la base de l'échange social : le clan a besoin de l'autre pour marier ses filles et ses garçons. S'il n'a pas de filles, il ne peut donner et recevoir, et il ne peut survivre car sans union, pas de reproduction, ce qui conduit à terme à l'extinction…

L'échange social repose donc sur ce don dans l'analyse de Marcel Mauss, mais s'applique aussi aux individus : si je n'ai rien à donner, je ne peux pas participer à l'échange social.

Ne pas apprendre aux enfants à donner de leur personne par leur effort, c'est leur interdire de participer à l'échange social : c'est grave, et source majeure de honte, de frustration et de manque de confiance en soi.

L'éducation passe par cet apprentissage, et doit valoriser tout ce qu'un enfant peut apporter, dans la famille comme à l'école. Ce pourrait être le fil conducteur d'une réforme en profondeur du collège et du lycée : puisque l'on cherche aujourd'hui à simplifier des apprentissages jugés trop complexes, discriminants socialement et générateurs d'échec scolaire (8 % des enfants qui entrent en CE1 ont déjà des difficultés en français et en maths…), on pourrait utiliser les heures dégagées par cette simplification pour les dispositifs évoqués plus hauts, qui insistent sur un apprentissage des comportements, c'est-à-dire de savoir-être constitutifs du savoir vivre ensemble…

De plus, il faudrait oser offrir d'autres références aux jeunes.

On l'a vu, la IIIe République s'efforçait de projeter à tous un modèle idéal de citoyen. Dans notre société, la vertu et les bons sentiments font sourire, et il est de bon ton de les brocarder pour être « tendance ». Les héros sans peur et sans reproche ne font plus recette.

Pour autant, le refus de donner des modèles à nos enfants les a conduits à prendre pour référence ce que la société de consommation a bien voulu leur fournir : justiciers rivés à leur revolver, gorgés de violence, gangsters sans foi ni loi, ados ivres de sexe déchaînés sur Internet, poupées Barbie *fashion victims* et anorexiques, on en passe et des meilleures.

Sans parler des chanteurs de rap prônant la loi de la jungle, le sang et le meurtre, des footballeurs multipliant les caprices de stars (c'est tellement « *in* » de saccager sa chambre d'hôtel, et de dépenser sans broncher cent mille euros pour réparer les dégâts, ou de refuser de travailler quand le monde entier a les yeux rivés sur vous), et des animateurs télé confiant leurs débauches et leurs trucs pour jouir et « kiffer » le mieux possible ; nos enfants ne risquent pas de tomber dans l'excès de vertu et les bons sentiments.

Mais on notera au passage qu'ils sont allés tout de même se chercher des références... Car ils ne peuvent se construire qu'en imitant : l'enfant imite les parents dans l'enfance quand il joue au papa et à la maman, mais il copie plutôt les modèles extérieurs à l'adolescence, à l'âge où l'on cherche à se débarrasser des références parentales.

Les laisser s'initier au pire de l'homme, pourquoi pas, ça leur évitera peut-être d'être naïfs mais ne les initier qu'à cela, c'est suicidaire pour la démocratie et le vivre ensemble.

Si l'on veut que les enfants et les jeunes renouent avec la citoyenneté, il faut accepter de leur donner aussi pour référence des hommes et des femmes « black, blanc, beur » qui, par leur métier, par leurs engagements, par leurs recherches, par leurs créations, apportent leur pierre au vivre ensemble.

Se pose ici évidemment le rôle des médias, anciens et nouveaux, qui sont en première ligne dans la construction de l'univers de la jeunesse. On aimerait qu'ils se saisissent d'une vraie vocation éducative, on devrait dire civilisatrice, avec toute la créativité et l'imagination dont ils sont capables...

Au-delà de ce rêve bien naïf, nos responsables ne pourraient-ils pas réfléchir à des obligations citoyennes dans le cahier des charges des grands réseaux publics, dont l'audience reste massive chez les jeunes grâce aux systèmes de replay, sites de partage, etc.

Si l'on veut éduquer les jeunes à la citoyenneté, exiger d'eux des actes citoyens, il faut leur montrer que nombre d'adultes ou de jeunes peuvent servir de référence.

Ne versons plus dans l'angélisme de l'image d'Épinal de la IIIᵉ République, si démodé aux yeux de certains, et source de toutes les nostalgies parfois inavouables pour d'autres, mais acceptons de donner à nos enfants des références dignes d'eux, au lieu de les laisser être la proie des produits de consommation formatés...

Ce n'est qu'à cette condition qu'ils pourront relever les redoutables défis qui les attendent : au niveau individuel, insertion et réussite professionnelles, vie de couple, rôle de parents ; au niveau collectif, intégration de toutes les composantes de la société, mutations vers une croissance propre (le défi écologique), renforcement de l'Union européenne et de sa mission de paix nécessaire pour défendre notre modèle social et économique dans le monde, fondé sur les Droits de l'homme et le respect de la personne humaine.

Enfin, une dernière piste de réflexion. Ceux qui assument les fonctions les plus importantes doivent aussi être les plus aptes à agir en citoyens responsables. La formation des élites doit assumer une éducation à la responsabilité.

Florence Noiville (*J'ai fait HEC et je m'en excuse*, 2009) pointe du doigt la formation des grandes écoles de commerce comme une des sources de la crise financière et économique actuelle. Elle s'étonne notamment que l'on n'apprenne pas à tous ces brillants jeunes gens à prendre en compte l'impact de leurs décisions : sur les salariés qui leur sont confiés, sur les fournisseurs qu'ils font travailler, sur l'environnement qui les entoure... Elle prône une véritable formation à la responsabilité sociale et environnementale.

Si nombre d'écoles ont mis en place des cours d'éthique, peu d'entre elles les rendent obligatoires. Or c'est indispensable, aussi bien dans les écoles de commerce que dans les écoles d'ingénieurs, jusqu'au plus haut niveau, dans les fleurons des écoles de l'administration, l'ENA ou l'ENS, mais aussi à l'université, au niveau master par exemple.

C'est tout l'enseignement supérieur qui devrait s'assurer que les jeunes qu'il forme sont non seulement brillants intellectuellement, mais qu'ils sont aussi civilisés, c'est-à-dire aptes au vivre ensemble dans leurs actes et leurs comportements quotidiens, et aptes aux responsabilités qui les attendent.

Nous retrouvons ici un des enseignements majeurs du modèle de la IIIe République : la cohésion entre niveau de formation intellectuelle (culture) et éducation, c'est-à-dire maîtrise de soi, sens de l'autre et de la collectivité, indispensables à l'exercice de responsabilités dans la cité.

N'en déplaise aux sociologues des années 1960-1970 et à leurs disciples, il faut bien reconnaître que l'éducation bourgeoise, héritière du XIXe siècle, qu'ils ont tant dénoncée comme étant un instrument de mise à distance des classes populaires par les plus aisés, avait et a toujours tout de même l'avantage d'assurer cette cohésion, en posant à ses enfants un très haut niveau d'exigence dans tous les domaine : intellectuel (les écoles d'excellence), moral et comportemental.

Et ce n'est pas un hasard si, aujourd'hui encore, cette fraction des élites qui continue à transmettre ce haut niveau d'exigence assure toujours à ses enfants la réussite scolaire, professionnelle et sociale.

Pour qu'elle ne soit plus le privilège de certains, décidons-nous enfin à faire bénéficier tous ceux qui le souhaitent d'un tel niveau d'exigence, dans l'intérêt des générations futures de notre bonne vieille démocratie.

CONCLUSION

Le savoir vivre ensemble de demain, un choix indispensable pour la pérennité d'une démocratie perfectible

Au terme de la réflexion que nous avons menée ici se dégage finalement une conviction forte : l'incivilité signifie en réalité une perte du savoir-vivre ensemble, qui fait courir un risque majeur à notre modèle social, la remise en cause de tous les ressorts, de tous les fondements de la démocratie.

Or notre monde connaît aussi l'émergence de très grandes puissances au Sud à la culture démocratique fragile (en Amérique latine par exemple), ou assez étrangères à toute forme de démocratie pour l'instant (la Chine). Ces puissances affirment une manière d'être au monde

185

qui se passe fort bien de solidarité, d'attention aux plus démunis, de redistribution ; elles nous tirent vers une compétition féroce, qui se fait au détriment des plus faibles, chez eux comme en Europe, et qui sape en profondeur notre modèle démocratique et social.

Il faut le comprendre, nos sociétés vacillent dangereusement sous la combinaison de ces deux chocs. En perte de puissance économique dans le monde, nous nous détruisons également de l'intérieur par inconscience, par tolérance pour nos faiblesses, par absence de vision de long terme.

Au point qu'aujourd'hui notre *leadership* est sérieusement contesté, et que la notion même de Droits de l'homme, considérée comme universelle par la Déclaration des droits de l'homme de 1948, est remise en cause par nombre de nations impatientes de liquider définitivement ce qu'elles considèrent comme un ultime héritage de néo-colonialisme et d'impérialisme occidental.

C'est pourquoi il nous apparaît urgent de réagir.

Notre démocratie est imparfaite, soit, il faudrait peut-être réussir à la renouveler en profondeur à partir de modes beaucoup plus participatifs, c'est possible ; mais en attendant, comme le disait Churchill lui-même dans la tourmente des totalitarismes : « C'est un mauvais système… mais c'est le moins pire… »

Si nous ne nous convainquons pas nous-mêmes aujourd'hui qu'il est absolument nécessaire d'approfondir notre savoir vivre ensemble, de conforter nos institutions démocratiques en réaffirmant le primat des valeurs des Droits de l'homme, de changer radicalement la gestion du pouvoir, nous ferons payer très cher notre légèreté aux générations qui nous suivront.

Il n'est pas trop tard me semble-t-il : le préambule de Constitution européenne, repris dans le traité de Lisbonne, affirmait que « l'Europe entend rester […] un espace privilégié de l'espérance humaine ». De fait, nous restons un pôle d'attraction fort pour l'immigration ; de même, les peuples qui luttent encore contre des régimes iniques continuent bien de se référer aux principes démocratiques, des émeutes iraniennes du printemps 2009 aux révoltes arabes de l'hiver 2010-2011, à la dissidence chinoise : sait-on que, lors de la répression féroce de la contestation étudiante place Tian'anmen en 1989, les étudiants chinois chantaient la Marseillaise sous les balles ?

Nous sommes encore une référence pour cette fraction des élites du Sud de bonne volonté engagée au service de la solidarité ; parce que, dans la modernité, nous avons construit le seul modèle qui, malgré ses imperfections, mène à la solidarité (la démocratie et la protection sociale) et à la paix (la création de l'Union européenne) : nous avons créé une espérance forte partout dans le monde.

« Il n'y a jamais eu de famines dans un pays démocratique », a coutume d'affirmer Amartya Sen, économiste d'origine bengalie (un des pays les plus pauvres et les plus vulnérables de la planète), professeur à Harvard, prix Nobel d'économie, coauteur du rapport Stiglitz sur la mesure du bien-être et du bonheur en 2009...

Nous n'avons plus ni le temps ni le droit de décevoir cette formidable espérance.

BIBLIOGRAPHIE

BRUNEL Sylvie, *Manuel de guérilla à l'usage des femmes*, Grasset, 2009.

BOURDIEU Pierre, *La Distinction, critique sociale du jugement*, Éditions de Minuit, 1979.

CARACALLE Laurence, *Le Carnet du savoir-vivre*, Flammarion, 2008.

ELIAS Norbert, *La Civilisation des mœurs*, tome 1 ; *La Dynamique de l'Occident*, tome 2, Poche Pocket, Paris, 1974. Édition originale, *Über den Prozess der Zivilization*, éditions Haus zum Falken, Bâle, 1939.

GIMARD Jacques, *Questions de politesse*, « Hors collection », Place des éditeurs, 2008.

JEURY Michel et BALTASSAT Jean-Daniel, *Petite histoire de l'enseignement de la morale à l'école*, Robert Laffont, 2000.

LE WITA Béatrix, *Ni vue ni connue*, coll. « Ethnologie de la France », éditions Maison des Sciences de l'Homme, 1988.

MAUSS Marcel, « Essai sur le don », *in Revue Année sociologique*, 1923-1924 ; rééd. *in Marcel Mauss, Sociologie et anthropologie*, PUF, coll. « Quadrige », 2001.

MAZOYER Didier, VERGEZ Marie-Dominique, VAILLANT Maryse, *Face aux incivilités scolaires, quelles alternatives au tout sécuritaire ?*, Syros, 2001.

DE MENTHON Sophie, *Le Savoir-vivre en entreprise*, éditions Eyrolles, 2007.

MUCHEMBLED Robert, *La Société policée*, Le Seuil, 1998.

NOIVILLE Florence, *J'ai fait HEC et je m'en excuse*, Stock, 2009.

PICARD Dominique, *Les Rituels du savoir-vivre*, Le Seuil, 1995. *Politesse, savoir-vivre et relations sociales*, coll. « Que sais-je ? », PUF, 1998, rééd. 2008.

ROUVILLOIS Frédéric, *Histoire de la politesse de 1789 à nos jours*, Flammarion, 2006.

TABLE DES MATIÈRES

Pour l'éditeur, le principe est d'utiliser des papiers composés de fibres naturelles, renouvelables, recyclables et fabriquées à partir de bois issus de forêts qui adoptent un système d'aménagement durable.

En outre, l'éditeur attend de ses fournisseurs de papier qu'ils s'inscrivent dans une démarche de certification environnementale reconnue.

CE VOLUME A ÉTÉ COMPOSÉ
PAR PCA
POUR LE COMPTE
DES ÉDITIONS J-C LATTÈS

IMPRESSION RÉALISÉE PAR
CPI FIRMIN-DIDOT
LE MESNIL-SUR-L'ESTREE
EN SEPTEMBRE 2011

Nº d'édition : 01 – Nº d'impression :107210
Dépôt légal : septembre 2011

Imprimé en France